Carl August Böhaimb

Zur Geschichte und Beschreibung des untern Lechraines

Carl August Böhaimb

Zur Geschichte und Beschreibung des untern Lechraines

ISBN/EAN: 9783743625563

Hergestellt in Europa, USA, Kanada, Australien, Japan

Cover: Foto ©ninafisch / pixelio.de

Weitere Bücher finden Sie auf **www.hansebooks.com**

Zur

Geschichte und Beschreibung

des

untern Lechraines.

Von

Carl August Böhaimb,
Stadtpfarrer in Weilheim.

———

(Aus dem XXIII. Bande des Oberbayerischen Archivs besonders abgedruckt.)

———

München, 1862.
Druck von Dr. C. Wolf & Sohn.

Im südlichen Bayern, zwischen dem Gebirge und der Donau ist nicht leicht eine Gegend so reich an geschichtlich merkwürdigen Punkten, theils aus der römischen, theils aus der mittelalterlichen Zeit, als der Lechrain, jener Höhenzug, der sich von Füssen bis unterhalb Rain hinaberstreckt, und das ~~linke~~ Ufer des Lechflusses bildet. Auch der unterste Theil des Lechraines, von Friedberg, Augsburg abwärts, bildet eine wahre Befestigungskette, deren Glieder von Mühlhausen abwärts, je ¾ Stunden von einander entfernt sind. Nach bisherigen Erhebungen und eigenen Untersuchungen sind solche befestigte und geschichtlich merkwürdige Punkte: Die Burgställe zu Mühlhausen, die Grabhügelgruppe zu Anwalting, die Burgstellen zu Schernech, Röling, Sand, die Schanze oberhalb der Weinleite im Caderla, die Burgstelle Aindling, Büchel, Pach, der Eselssteig bei Thierhaupten, Königsbrunn, Münster, Rain und Oberpeiching. Diese Linie der Fortificationen setzte sich auch in der Richtung gegen die kleine Paar fort, bis in die Gegend von Affing. So zeugen Wall und Schanzen auf dem Michaelsberge bei Holzhelm von der spätern Burgstelle der Ritter von Holzheim; der Burgstall bei Oberpaar ist unstreitig römischen Ursprungs, wo wahrscheinlich auf dem spitzen, mit Graben umschlossenen Kegel ein Monopyrgium, wenn nicht gar ein Castell stand. Hier wurden auch mehrere Römermünzen gefunden; die Verschanzungen und Burgstellen Strauppen, Bayerdilling, Salach, Schorn, Lorenzlberg, Schönleiten, über den Poststeig und der Waldparzelle Schranne aufwärts bis Affing würden viele interessante Entdeckungen gewähren, um so mehr als diese Gegend in geschichtlicher

Hinsicht noch wenig untersucht ist und das Gedruckte gleichfalls nur äußerst Zerstreutes darbietet.

Schreiber dieser Zeilen begann als Caplan zu Aindling im Jahre 18⁴⁷/₄₂ theils persönliche Untersuchungen an genannten Orten vorzunehmen, theils geschichtliche Quellen aufzusuchen und zu sammeln, was er Merkwürdiges auffand; allein seine Versetzung aus dieser Gegend hemmte die weitere Sammlung und Ausarbeitung des Gesammelten, und so bietet er in Nachstehendem nur geschichtliche Notizen, als willkommenes Material für einen spätern Geschichtsschreiber dieser Gegend: wie auch zur Herstellung eines historisch-topographischen Lexikons von Bayern. —

Mühlhausen.

2 Stunden von Augsburg ¹/₄ Stunde vom Lech, hart an dem von Friedberg herkommenden bewaldeten Höhenzuge liegt das zur Pfarrei Aulshausen und zum k. Landgerichte Friedberg gehörige Dorf Mühlhausen, mit 15 Häusern und 72 Einwohnern, nebst einer, dem hl. Johann dem Täufer und der hl. Magdalena geweihten Kirche. Der Ort, in alten Urkunden Mulenhausen und Muohlenhausen geschrieben, ist uralt. Auf dem höchsten und äußersten Punkte des Höhenzuges, oberhalb des Dorfes, stand einst, wenn nicht ein Römer-Castell, doch wenigstens ein Monopyrgium, eine Hochwarte. Das beweisen auch die Münzenfunde aus der Römerzeit, die zur Stelle sich ergaben. Aber auch der Punkt selbst spricht dafür, die unermeßliche Fernsicht, die köstliche und prachtvolle Umschau, die man hier genießt, ist zu einer Hochwarte die geeignetste gewesen, man konnte das Lechthal aufwärts bis Landsberg, abwärts bis Druisheim in unmittelbarer Verbindung signalisiren. Als die Römerperiode zu Ende ging, wurde aus dieser Warte in späterer Zeit die Stammburg eines dort angesessenen Rittergeschlechtes, das sich vom Dorfe nannte; weßhalb diese Höhe der Schloßberg genannt wird.

Daß dieser Ort frühzeitig bewohnt war, dafür spricht auch eine Grabhügelgruppe im sog. Caderahölzchen (ad cadavera?) zwischen Mühlhausen und Gebenhofen, worin besonders ein Grabhügel sich durch Umfang auszeichnet, ¹/₄ Stunde in gerader Linie von Mühlhausen nördlich gelegen. Diesen Hügel 10′ hoch und 20′ im Durchmesser, ließ der k. Stadtgerichtsrath Dr. Caron du Val am **24. Sept. 1819** aufgraben. Er fand 4 Urnen darin, welche im Vierecke beinahe in der Mitte dieses Hügels standen; leider waren sie durch die

Wurzeln von 2 Tannen zertrümmert, und man konnte aus den Bruchstücken, von hochrothem Thone mit Strichen verziert, nur noch wahrnehmen, daß jede Urne eine andere Form hatte, auch schien es, daß 2 dieser Urnen in andere von gewöhnlichem Thone eingeschlossen waren. Unter diesen Scherben waren die aus den Urnen verdrängten Gebeine, die Asche und Kohlen. Bei genauer Durchsuchung des ganzen Hügels wurde außer dem oxydirten Hefte, wahrscheinlich eines Schwertes, und 3 eisernen Ringen, nichts weiter vorgefunden; nur an den Enden enthielt der Hügel Fragmente von Urnen, zum Beweise, daß hier Nachbegräbnisse stattfanden und daß hier das Begräbniß der im Castell umgekommenen Garnison gewesen sein dürfte. Noch sind die Grundmauern und Spuren der spätern Ritterburg, Namens Mülhausen, sichtbar. So der Burggraben im regelmäßigen Vierecke, an dessen 4 Enden sich runde Wehrthürme befanden. In der Mitte stand die burgliche Wohnung, auf noch vorhandenen Gewölben. Nach dem wahrgenommenen Gebelle eines durch die Oeffnung hinabgefallenen Hundes befinden sich daselbst 2 nach verschiedenen Richtungen laufende unterirdische Gänge, die einer nähern Untersuchung bedürfen. Bei dieser Burg war auch ein herzogliches Richter- und Kastenamt. 1259 übernahm der Marschall von Schildberg in officio castri Mulhusen: 1 Hof in Ottmaring und 4 Huben, in Ratenberg 2 Höfe und 2 Huben, in Artenried 1 Hof, in Tenrichingen 4 Höfe, 1 Mühle und 1 Holzmark, in Mutrichingen 2 Höfe, in Perg 2 Höfe und 1 Gut des Wulfo, in Aulshausen 3 Höfe, in Aeffingen 1 Hof und 3 Huben, in Uretholtshausen 1 Hof, in Heimoltshausen 2 Höfe.

Die Redditus advocales castri Mulhusen waren: „vom Hofe in Chindhausen, in Beidberg avennae 1 mod., in Winzofershausen 1 Pflichtigen, in Tenriching 1, Onwoldingen 10, Aeffingen 1, Gottenhofen 1, Osterhofen 1 und noch 5 homines advocales, zu Rettenberch 1 Wald, in Aulshausen 1 Wiese, in Osterhofen 1 Hof, praepositus in Ongoltingen 3 carrat. feni, 1 Wald in Brecheltshausen. 1310 kam die „Purch Mülhausen" bei der Landestheilung an Herzog Ludwig und wird 1329 im Vertrag zu Pavia aufgeführt. 1326 20. Jänner empfangen Johann Priel und Ulrich Schmelzlin, Bürger zu Augsburg, die Zehenten zu Mülhausen: Aulshausen, Perg, Groß- und Klein-Mutriching als Lehen vom Bischof zu Augsburg; auf Betreiben Conrads des Stutthaimers, von Staubheim 1330, bestätigt Bischof Friedrich von Augsburg der Kirche St. Moritz, den Groß- und Kleinzehent der zum Schloß Mulhausen gehörte, von Aulshausen,

Mülriching, und Berg, welche von dem Cleriker zu St. Moritz, Cunrad v. Stuttheim, zu einer Clerical-Präbende gegeben wurde, und ebenso dessen Ernennung als Canoniker.¹) 1392 erscheint in einer bayer. Theilungsurkunde Burg und Amt Mühlhausen.

Im Städtekrieg, den 15 Sept. 1388, besetzten die Augsburger Mühlhausen und Stätzling, belagerten Wolfsberg, äscherten 24 Dörfer und 3 Burgen ein, nahmen den Landsbergern ihre, in der Reischenau gemachte Beute ab, wurden aber den 26 September bei Haunstätten und am 20. December bei Möring geschlagen. 1462, 18. April erstürmte Markgraf Albrecht von Brandenburg Mühlhausen, und ließ die Dörfer Mülhausen, das Schloß Affing, sowie Rheling und Aining anzünden.

1405 ward von den Fürsten in Bayern der dritte Theil des Kastens in Mülhausen an Wilhelm von Marlrain versetzt.

1504 kaufen die Burgauer zu Griesbäckerzell um 1000 fl. ungarisch, Mühlhausen am Lech.

Seit dem J. 1462 erscheint die Burg Mülhausen nicht mehr urkundlich, und wurde seit deren Zerstörung im genannten Jahre aller Wahrscheinlichkeit nach nicht mehr aufgebaut. Auch das Richter- und Kastenamt muß seit dieser Zeit zur Auflösung gekommen sein. 1381 war Hans Riederer von Riedheim, Richter zu Mülhausen, Siegler u. Thädinger (Oberbayr. Archiv III, 205) und 1382 Ulrich Rohrenfelser Richter.

Mühlhausen besaß einst ein eigenes Edelgeschlecht gleichen Namens. Dieselben waren Ministerialen der Pfalzgrafen von Wittelsbach, und hatten ihr Begräbniß im Kloster St. Ulrich in Augsburg, zu dessen Gutthätern sie zu rechnen sind.

Schon im Jahre 1040 erscheint Ulrich von Mülhausen. (M. b. XIII).

1102 Hartmann v. Mulehusen.

1126 ist Bertold von Mulenhusen Zeuge bei Schankung eines Gutes in Bachern. (M. b. XXII, S. 64).

---

1) Die Stuthamer, Staubheimer, schrieben sich vom Dorfe Staubheim bei Rain, wo ihre Burg auf dem Platze, wo jetzt die Kirche steht, stand. 1290 Ulrich Stuthamer; 1326 erscheint Heinrich der Stauthamer von Stautham. Uxor Margaret von Salach. 1350 Siegfrid von Stautham. Uxor Margaret Holzheimer; 1360 Ulrich Stauthammer; uxor Walburga von Hütingen, Reinbolt und Hanns Söhne des Siegfrid von Stautham. Hatten in Riederschönefeld ihr Begräbniß, und verpflanzten sich nach München, woselbst 1473 Hanns Staubhammer, Lebzelter, das Haus 21 im Thal Petri besaß.

1250 Sigefrid v. Mulehusen erscheint als Zeuge bei Schankung eines Gutes in Ainlingen (M. b. XXII, S. 12.)

Mathilde v. Mulhusen schenkt ein Gut an das Kloster St. Ulrich in Augsburg Anno 1260.

1270 Symprecht v. Mulenhausen, dessen Söhne Grimold, Hanns und Bruno.

1284 Bertold v. Mülhausen. Er wird 1274 von Kaiser Rudolf der Stadt Augsburg als Landvogt aufgestellt, (v. Stetten Geschichte von Augsburg); siegelt 1284 als Advokat der Stadt Augsburg eine Kaisheimer Urkunde; † 1301.

1302 Diepolt v. Mulhausen. uxor Richilt v. Scharn.

1320 Rudiger v. Mulhausen.

1323 Adelheid v. Mulhausen, Wittib, verkauft dem Kloster St. Catharina in Augsburg ihre 3 Hofstätten zu Mulhausen um 3 Pf. Augsburger Pfennige. (Bayr. Regesten VI, 89).

1350 Marquart v. Mülhausen Soll der letzte seines Namens und Stammes gewesen sein.

Affing.

Zwei Stunden vom Lech liegt das zum kgl. Landgerichte Aichach und zum Bisthum Augsburg gehörige Pfarrdorf Affing mit 70 Häusern und 410 Seelen. Die Augsburg-Neuburger-Landstrasse durchzieht das Dorf, dessen Lage ziemlich freundlich ist.

Die Entstehung Affings verliert sich in das Dunkel der Vorzeit, und Affing gehört sicher unter die ältesten Orte der Gegend. Seinen Namen leitet es vermuthlich von Avve = Aue, also ein Ort ing, in oder an den Auen ab; es von einer römischen Brandstätte Bustum, keltisch Affe, abzuleiten, scheint mir zu gewagt. Für das hohe Alter Affings und für frühzeitige Ansiedlung daselbst, spricht eine Grabhügel-Gruppe zwischen Affing und Haunswies (= Hunswies) im Mandelholze. Bei einer, 1819 gemachten Eröffnung einiger dieser Grabhügel überdeckte einer nur die leere Brandstätte, aus 2 andern aber wurden Topf und schüsselförmige Urnen, dann ein Thränengefäß oder Unctorium, welche beide Gegenstände in v. Kaisers Geschichte von Lauingen abgebildet sind, ferner eiserne oxydirte Ringe und auf dem Boden einer Urne wieder das Naulum für den Portitor in der Unterwelt, Charon, bestehend in einer Kupfermünze von August mit

Jupiters Donnerkeil ausgegraben. Auch wurden Kupfermünzen von Kaiser Tiberius und Trajan im Schloßgarten gefunden.")

Aller Wahrscheinlichkeit nach, auf römischen Castell-Ruinen, erbaute sich frühzeitig ein ritterliches Geschlecht, vom Orte selbst die **Affinger** sich nennend, auf dem jetzigen Schloßhügel eine Burg, und bewohnte dieselbe über 8 Jahrhunderte.

Diese Herrn v. Affing, Aeffingen, waren Ministerialen des Klosters St. Ulrich und Afra in Augsburg, hatten daselbst und im Kloster Thierhaupten ihr Begräbniß, waren Schirmvögte der Besitzungen dieses Klosters in der Wittelsbachischen Grafschaft, und hatten selbst außerhalb Affing nicht unbedeutenden Besitzstand, so z. B. hatten sie zu Chindeshausen im Jahre 1290 1 Hube, zu Stozhart 1 Hof u. s. w. Sie waren ferner große Wohlthäter des Klosters Thierhaupten und erscheinen häufig in dessen Urkunden. Sie zeichneten sich durch Muth nnd Tapferkeit aus und waren ein hochangesehenes berühmtes Geschlecht. Was uns über diese altadelige Familie bekannt ist, besteht in Folgendem:

„Als der Erste aus diesem Geschlechte erscheint 1090 Ulrich v. Affingen, uxor Luitgarde. Ihre Söhne Udalschalk und Giselherr. Giselherr v. Affingen ist 1126 Zeuge der Schenkungen von Hofgütern in Hofgarten, Mauerbach und Dünzelbach. (M. b. XXII, 15.) Udalschalk ist beurkundet als Ritter 1131. Giselherr . Affingen starb 1172 und hinterließ einen Sohn Alto. (M. b. XXII, 20.) 1165 erscheint ein Diepolt v. Affing als Zeuge in einer Kloster Neuzell'schen Urkunde (M. b. XIV, S. 122) und ebenso 1204 sein Sohn Rudolf v. Affing, welcher dem Kloster Thierhaupten ein Gut daselbst schenkte; sein Bruder Hartwid gab demselben Kloster ein Gut zu Greimoltshausen und eine picta cortina.)

Um dieselbe Zeit 1170, vielleicht noch früher, erscheint ein Hermann v. Affingen, als Zeuge in einer Kloster Indersdorfischen Urkunde; vermuthlich ist er ein Bruder des Diepolt v. Affing gewesen. (M. b. XIV, 121). Obiger Rudolf v. Affing hatte zur Gemahlin Susanna Knoll v. Gansheim, und starb 1189.

1150 erscheint Otto v. Aeffingen (M. b. XXII, 88) und Adelgoz v. Aeffingen Gebrüder. Ein Sohn dieses Adelgoz, Dietmar v. Affingen, welcher in Istrien umkam, übergab ein Hofgut zu Affing mit 3 leibeigenen Familien (mancipiis) durch Wilhelm v. Weßiszell

---

1) v. Raiser Lenisgen S. 22.

an das Kloster St. Ulrich. Ludwig v. Aeffingen Bruder des Dietmar v. Aeffingen. (M. b. XX, 25.)

1198 erscheint Ulrich v. Aeffingen, Ritter; seine Gemahlin war Bertha v. Blankenburg; Hermann, Rudolf, Otto und Diepold ihre Söhne. Als 1209 Graf Bertold von Burgeck das Pfarrlehen zu Berg im Gau an das Kloster Scheyern schenkte, erscheint als Zeuge Diepolt v. Aeffingen, Eberhard v. Wittlinsbach, Bertold Schenk, Arnolt Schillwetz. 1233 schenkte Otto v. Aeffingen dem Kloster Thierhaupten 1 Hof nebst Mühle zu Paar, desgleichen ein Lehen zu Willprechtszell. Otto ist auch beurkundet in M. b. XXXIII, 6. Er erscheint auch als Zeuge in donatione praedii in Huorwilingen (Hurblingen) von Conrad de Androma und praedii in Rohelingen von den Gebrüdern Friedrich und Helendui v. Rehlingen. (M. b. XXII, S. 85 und 88, v. Raiser Lauingen 1821, S. 25.) Dieser Otto hinterließ folgende Kinder: 1) Arnold † XIII. Cal. Aug., seine Gemahlin Hedwig † VII. Cal Sept., ihr Sohn Rudolf † XVII Cal. Jan. 1280. 2) Conrad v. Affing † 1270. 3) Hilaria v. Aeffingen. 4) Heinrich v. Aeffingen.

1300 Burkart v. Aeffingen und Hermann v. Pferse bezeugen die Schenkung eines Hofes zu Affing an das Kloster St. Ulrich in Augsburg.

1350 Eberhart v. Affing des Burkarts Sohn. Gemahlin Afra, des Hubert von Rohrenfels Tochter.

1401 starb Otto v. Affingen kinderlos. Vermuthlich erlosch mit ihm die Reihe der Herren v. Affing, da von dieser Zeit an ihr Name in Urkunden nicht mehr erscheint. Es ist auch nicht mit Gewißheit anzunehmen, ob die letzten zwei Genannten sich im Besitze von Affing erhalten haben.

Nach Abgang dieses altadelichen Geschlechtes ward Affing, als ein von der Pfalzgrafschaft Wittelsbach ausgehendes Lehen, den Wittelsbach'schen Marschällen v. Schiltberg zu Lehen gegeben. In dem Saalbuche Herzog Ludwigs des Strengen von Bayern vom Jahre 1278, wird beim Amte Wittelsbach bemerkt, daß wie rechtliche Menschen behaupten, die daselbst vorgetragenen Güter dem Herzoge durch Gewalt entzogen worden waren, daß aber der Marschall v. Schiltberg und Andere ihren rechtlichen Besitz auf die erhaltene Belehnung begründeten. Dann erscheinen in dem Amte Mühlhausen (in officio castri Mulhusen) unter des Marschalls v. Schiltberg Gefällen des Marschallamtes, die obere und untere Mühle zu Mühlhausen, 3 Höfe zu Aulshausen, und 1 Hof und 3 Huben zu Aeffingen, unter den Schirmvogtei-Gefällen der Burg Mühlhausen aber Gefälle von dem St. Ulrich'schen Gutsbesitz in Affing. Endlich wird in officio castri Schiltperg noch des Todes des Marschalls v. Schiltperg mit dem Beisatze erwähnt, daß sich die Eisenhofer zu Egenbach in diese Advokaten-Rechte eingedrungen und solche auch von den Herrn v. Weilach, wahrscheinlich afterlehenweise, erhalten hätten, obgleich dieselben nur für den Marschall v. Schiltberg Lehen von St. Moritz in Augsburg gewesen wären.

Von diesen Marschällen v. Schildberg kam Affing an die Wiesinger und von diesen an Hanns Simbert Sumstorfer. Im Jahre 1412 wurde Marschall Peter v. Schildberg und Seitz Wähel (Wählin), mit Affing belehnt, 1415 aber Wälin allein damit. 1412. 21. Sept. geloben Peter Marschall Pfleger zu Friedberg und Seifried Wähel, nachdem ihnen Seitz Marschall v. Obernborf der Jüngere, Vicedom in Oberbayern, anstatt Herzog Ludwigs den Burgstall und die Behausung Affingen, (also eine bewohnte Burg und eine Burgruine), wie solches der Sumsstorf von dem Wiesinger gekauft hatte, verliehen hat, Lehenspflicht und daß Affing des Herzogs offen Haus sein sollte. (Geg. am St. Mathäustag.¹) — Von den Wälin kam Affing vermuthlich durch eine Tochter an Otto Ebser, und dann durch dessen Tochter Margaret an Marschall Engelhart von Obernborf. Dieser Engelhart erscheint 1430 auf dem Landtage zu Freising als Siegler, wurde 1425 mit Affing belehnt, und ebenso 1447 am Erchtag nach St. Elisabet von Herzog Heinrich dem Reichen, als Lehenträger seiner Frau Margaret. Er erhielt damals zu Lehen die Veste und den Burgstall Affing, den Sedlhof (Mayerhof) mit 3 Sölden und Zugehörden, die Hirtschaft zu Haunswies, d. i. das Recht, die Hirten gegen eine jährliche Abgabe zu bestellen oder das Hirtenamt auszuüben, ein gewöhnlich vogteiliches Recht im Mittelalter, 2 Gütchen zu Rieden, die Vogtei über das St. Ulrich'sche Klostergut zu Aeffing, die Taferne und das Gericht mit der Hofmark daselbst, als zur Veste und zum Burgstalle gehörige Lehen, dann Gärten und 7 Holzmarken.

Als Wolfgang, des Marschalls Engelhart v. Obernborf Sohn, kinderlos starb, kam Affing sammt allen andern Obernborfischen Gütern, durch Wolfgangs Schwester Ursula mit N. v. Nußdorf verheiratet, an deren Tochter Amalie v. Nußdorf, die den letzten Waldecker

---

¹) Oberbayer. Archiv II. Bd. S. 279.

Wolfgang geehlicht hatte, laut Vertrag mit Ulrich und Hanns v. Oberndorf vom Montag nach Mathiä 1470.

Wolfgang v. Waldeck starb 1483 und hinterließ 3 Töchter: 1) Erntraud, geboren 1473, heirathete den Hieronymus v. Seibolstorf und erhielt Dornsberg, Nordendorf und Blankenburg und etliche andere Güter. Erntraud starb 1526. 2) Margaret, geb. 1474, heirathete den Veit von Marxrain, und erhielt Waldenberg und Miesbach. 3) Apollonia geb. 1478 heiratete den Walter v. Gumppenberg und erhielt Affing und Pang zur Aussteuer. (Ströllers genealog. Lexikon Hdschrift. III. Band). Laut Lehenbriefs von 1486 wurde Wilhelm v. Marxrain, der Waldeck'sche Vormund, mit Affing belehnt.

Laut Lehenbriefs, gegeben zu München am Mittwoch nach Peter und Paul 1506, wurde Walter v. Gumppenberg vom Herzoge Albrecht IV. von Bayern, als Lehenträger seiner Hausfrau mit Affing belehnt, siegelte 1514 auf dem Landtage zu München und kaufte vom Gut Igelbach eine Wiese.[1]) 1531 starb Apollonia v. Gumppenberg, und liegt in München begraben bei den Franciskanern. 1536, 19. März starb ihr Gemahl Walter gleichfalls zu München, und seine Leiche wurde mit vielem Leidwesen nach Affing gebracht und dort in der Kirche beigesetzt.

Affing erhielt nun der jüngste Sohn Walters, Hieronymus v. Gumppenberg, der auch am 12. Hornung 1540 damit belehnt wurde. Um die bedeutenden Schulden, die auf diesem Gute lagen, decken zu können, vermählte er sich mit Anna Peringer, Wittwe des Dr. Johann Rehlingers, eines sehr vermöglichen Mannes, die zwar 11 Kinder aus erster Ehe hatte, aber auch reiches Eigengut zu Augsburg und Regensburg besaß. Als sie nach wenigen Monaten, am 12. August 1540 zu Affing verschied, hatte sie ihren Mann zum Erben eingesetzt, den Kindern aber nur einen Pflichttheil vermacht. 1541 heiratete Hieronymus Martha, des Ritters Kaspar Winzerer zu Brannenburg und Sarenkam

---

1) Nahe bei Affing ist der sog. Igelhof, Igelbach auch genannt. Diesen bewohnte ein edles Geschlecht, die Igelbacher, Igelbäcken genannt, wahrscheinlich Vasallen der Affinger. 1128—79. Dietpolt v. Igelbach machte 4 Schankungen zu St. Ulrich in Augsburg. (M. b. XLII. S. 53. 59. 82 u. 90.) Ebo v. Igelbach gab dahin 1 Hofgut. 1350 bezeugt Heinz von Igelbach die Stiftung des Jahrtages zu Rohrbach, von den Gebrüdern Heinrich, Reinbot und Pallwein v. Edelzhausen, an erwähntes Gotteshaus (M. b. LXII, S. 313.) 1359 Hanns v. Igelbach Pfarrherr zu Affing. Heinrich der Alt Igelbäck u. Heinrich sein Sohn. (M. b. S. 337.) 1402 Heinrich v. Igelbach, Zeuge l. c. 337. Thäblinger 1391. 1389 Hanns Igelbäck Dechant zu St. Moriz in Augsburg. (Steitru l. 137.) 1434 verkaufen Hanns der Debenberger und sein Sohn Hanns, unter Beistand Parzifals, Marschallen und Paul Hausners zu Aichach Landrichter, den Sitz Igelbach mit allen Zugehörden, um 232 fl. an Marschall Engelhart v. Affing, Pfleger zu Wasserburg.

und der Magdalena v. Hohenrain, Tochter. Hieronymus verschaffte seiner Hofmark Affing, vom Kloster Thierhaupten, das Patronats-Recht über die Pfarrei Affing, sammt den Zehenten in der Pfarrei und starb am 6. Sept. 1549 zu Augsburg, wurde aber in Affing beigesetzt. Er hinterließ keine Kinder. Seine Wittwe blieb im Besitze von Affing, an welches sie all ihr elterliches Gut gewendet hatte; und als sie mit ihrem Schwager Ambrosius v. Gumppenberg, der das Erbgut seiner Mutter an sich zu bringen wünschte, darüber nicht einig werden konnte, verkaufte sie Affing 1552 an den Mann ihrer Schwägerin Scholastica v. Gumppenberg, Schwester des Hieronymus, Seifried v. Zillnhart; der auch am 23. Aug. 1552 von Herzog Albrecht mit den zu Affing gehörigen Lehen, vorbehaltlich der Rechte der Letztern belehnt wurde. Nach Seifrieds Tod kam Affing an seine beiden überlebenden Töchter, Mechtilde Gemahlin Heinrichs v. Haslang und Scholastika, zuerst mit Haimeram v. Haslang, dann mit Adam Vetter von der Lilgen vermählt. Beide wurden belehnt 1570.

Adam Vetter von der Lilgen, Herr zu Ober- und Niederköllnbach und Veitsbuch im Landgerichte Rottenburg, gab seiner Tochter Maria Affing zur Aussteuer, und diese vermählte sich mit dem Freiherrn Ferdinand von Törring, dem sie Affing, Oberköllenbach und Au zubrachte; 1621, 20. Oktober verkaufte er Affing an Görg Friedrich von Stauding, um 32,000 fl. Dann kann Affing an dessen Söhne Georg Friedrich und Stefan v. Stauding, von welch letztern der kurfürstliche Vicekanzler Joh. Baptist Freiherr v. Leyden im J. 1692 es kaufte, und das im 30jährigen Kriege zerstörte, von Wolfgang v. Waldeck aufgebaute Schloß sammt dem Mayerhofe, der Pfarrkirche und Pfarrhofe, und dem Sitz Igelbach, wieder erbauen ließ. Eine Tochter Maria Anna heiratete den Freiherrn Christof Joachim v. Gumppenberg zu Peuerbach und starb 1749.

Gegenwärtig besitzt dieses Rittergut die altadelige Familie von Gravenreut, die es zu Anfang dieses Jahrhunderts von der Familie v. Leyden durch Kauf erwarb.

Die Pfarrkirche führt den Titel: „zu den 7 Zufluchten", hat übrigens zu Patronen die Apostelfürsten Peter und Paul, und ist erstere Benennung bloß für die kleine Wallfahrt. Seit 1688 besteht in ihr die St. Barbarabruderschaft. Die Kirche ist ein Gebäude neuerer Bauart, und enthält mehrere Grabsteine früherer Besitzer der Hofmark. So liegen in ihr begraben Joh. Bapt. Freiherr v. Leyden, kurf. Kämmerer, Vicekanzler, nebst dessen Sohn Bernhard Wilhelm

v. Leyden, Canonicus zu St. Moritz in Augsburg; desgleichen einige frühere Besitzer v. Gumppenberg, v. Züllnhart, Adam Vetter, v. Stauding.

Auf dem ⅛ Stunde von der Pfarrkirche entfernten neuen Gottesacker ist eine Kapelle zugleich gräfliche Familiengruft. In ihr ruhen Carl Ernst von Gravenreut, k. b. Kämmerer, Großkreuz des Civilverdienstordens, Präsident zu Augsburg geb. 28. März 1771.

Carl Freiherr v. Gravenreut, geb. 1804 † 25 Juni 1857.

Die Pfarrei Affing ist alt; schon 1381 ist Hanns der Kirchherr von Aeffingen beurkundet (Oberbayer. Archiv III, 225), und besaßen früher die Pfalzgrafen von Wittelsbach das Patronatsrecht, später die Hofmarksbesitzer. Die Pfarrei zählt jetzt 80 Häuser, 480 Seelen katholischer Religion.

Als Filialen gehören dazu: 1. **Weiler Katzenthal**, k. Landgerichts Aichach, zu der polit. Gemeinde Gaulzhofen gehörig, nördlich von Affing ½ Stunde entfernt, an einer sanften Erhöhung an der Augsburg-Neuburger-Landstraße mit 5 Häusern und 30 Seelen. Das Kirchlein daselbst ist dem hl. Priester und Martyrer Valentin gewidmet.

2. **Frechholzhausen**, im k. Landgerichte Friedberg, in der politischen Gemeinde Derching gelegen, ¾ St. südlich von Affing entfernt, auf einer Hochebene zwischen Nadelholz-Waldungen, zählt 6 Häuser und 40 Seelen, nebst einer Kapelle zu Mariä Heimsuchung.

Anwalding.

Nördlich ½ Stunde von Mühlhausen, nur durch einen Buchenhain getrennt, liegt das zur Pfarrei Gebenhofen und zum kgl. Landgerichte Friedberg gehörige Dorf Anwalding (der Ort am Walde) mit 26 Häusern und 159 Seelen und einer dem hl. Andreas gewidmeten Kirche. Am äußersten Ende des Waldes befindet sich eine kleine Hügelgruppe von 4 nahe beisammen gelegenen Grabhügeln von gleicher Form, Gestaltung und Größe, die Höhe beträgt 5', der Durchmeßer 16'. Die gleiche Größe haben die Gräber einer weiter unterhalb gelegenen Grabhügelgruppe bei Scherneck.

Im Jahre 1819 wurde ein Hügel der Gruppe bei Anwalding eröffnet. Man fand bei der Aufgrabung dieses Tumuli 2 Urnen, von röthlicher und hochrother Farbe (Thonerde), welche mit Asche gefüllt waren, jedoch nur bruchstückweise, und auf dem Boden der letztern eine römische Kupfermünze. Diese Münze und noch 2 andere Römermünzen, welche in Anwalding im Jahre 1843 gefunden wurden, beurkunden die frühere römische Niederlassung dahier. Die erstere

Münze ist von Tiberius, dem Stiefsohne des Kaiser Augustus, welcher mit Drusus Vindelicien eroberte, und ist vom Jahre 10 oder 11 nach christlicher Zeitrechnung.

Auf der Avers-Seite ist des Tiberius bloßes Haupt (caput nudum) mit der Umschrift: TI (berius) CAESAR AVGVSTI F(ilius) IMPERATOR V(quinto).

Auf der Revers-Seite stehen in der Mitte die 2 großen Buchstaben S. C. (durch Senatsbeschluß und die weitere Umschrift: PONTIFEX TRIBVNI (TIA) POTESTATE XII.

Diese Kupfermünze gehörte unter die ersten von Tiber bekannten Münzen; sie stellt denselben als Cäsar, welches der Familienname der 6 ersten Kaiser war, als sieghaften Oberfeldherrn, Imperator, zum 5. Male und seit 12 Jahren mit den Rechten des Tribunates beehrt, noch ohne den Hauptschmuck der Regenten, als einen bloßen Priester (pontifex) dar, da er erst nach dem im Jahre 14 n. Chr. erfolgten Tode des Kaisers August pontifex maximus (Oberpriester) wurde. Tiber regierte von 14 bis 37 nach christlicher Zeitrechnung Die übrigen zwei gefundenen Kupfermünzen waren a) ein Vespasian (69—79 nach Chr.) Avers IMP. CAESAR VESPASIAN AVG. COS. III. Das Haupt des Kaisers mit Lorbeer umschlungen. Revers-Seite. S. C. und ein Adler auf der Weltkugel sitzend; b) ein Nero (54 — 68 nach Chr.) Avers. IMP. NERO CAESAR AVG. P(ater) P(atriae.) Neros Haupt mit Lorbeer begränzt, Revers ohne Umschrift ein Legionsadler zwischen 2 Feldzeichen.[1])

Markt Aindling.

I.

An der nordwestlichen Gränze, am untern Lechraine, ungefähr 3 Stunden von Augsburg und 3 Stunden von Rain entfernt, weitet sich von Osten her ein Thal in die Lechebene aus, in welchem, 1 Stunde vom Lech entfernt, der Marktflecken Aindling liegt. Der Ort gehört zum Kreise Oberbayern, zum k. Landgerichte Aichach, und zum Bisthume Augsburg, zählt 132 Häuser und 690 Seelen katholischer Religion. Das enge Thal, in welchem der Markt liegt, wird durch 2 parallel laufende Hügelketten südlich und nördlich eingeschlossen und von einem kleinen Bächlein durchflossen, das sich gegen Westen zum Lechflusse wendet. Aindling leitet seinen Namen von Einilo und der

---

1) v. Raiser „Laningen" S. 32.

Endsilbe ing = Ort, her, also Einelingen, wie es in den ältesten Urkunden heißt. Einilo ist ein Mannsname in der Verkleinerungs=
form mit ilo, von dem Namen Eino, der bedeutet spitzig, scharf; das b in Aindling steht blos zum Wortlaut.

Die Entstehung des Ortes ist allerdings unbekannt, (Römisches enthält der Ort nicht, nicht einmal der Fund einer Römermünze ist bekannt), allein Aindling ist sehr alt, wie schon der Ort als Enelingun in comitatu Vdalscalci, eines Grafen von Sempt-Ebersberg, im J. 1033 beurkundet ist.¹)

Später hieß dieses, im Augsgau gelegene Comitat die Grafschaft Dachau, denn in den Monumentis boicis, XXII; 167 ist die Burg Tettenweis, in comitatu Vdalscalci 1033 beurkundet; zwischen 1126 u. 1279 erscheint aber der nun nach Todtenwies filialisirte Weiler Sand, in comitatu Dachau. Dieser Udalschalk, Sohn des Grafen Babo, war, wie sein Vater, Hauptschirmvogt des Hochstiftes Freising, und seine nach des Vaters Tod überkommene Gaugrafschaft an der obern Paar und Ilm, zog sich vom linken Ufer der Amper unfern ihres Zusammenflußes mit der Glon über das obere Ilmthal, Hilfartshausen und Aichach an der Paar, und endigte am rechten Lech-Ufer hinter Aindling, es gehörte aber auch der Landstrich zwischen der Glon und Amper noch zur Grafschaft, und sohin umfaßte diese auch einige nachmalige Dachauische Gebietstheile.²)

Wie so viele Orte im Mittelalter ein eigenes eingesessenes adeliches Geschlecht besaßen, so hatte auch Aindling im XII. Jahrhundert seinen eigenen Adel entstehen sehen, der sich vom Orte nannte und zu Ende des XIII. Jahrhunderts wieder erlosch. Was uns über dieses Geschlecht urkundlich zukam, soll hier folgen:

Die Herren v. Aindling, Ainlinger genannt, waren Ministerialen genannter Grafen, und hatten im Kloster St. Ulrich in Augsburg ihr Erbbegräbniß. Die öftere Beiziehung zur Bezeugung wichtiger Verhandlungen, der Verkauf und die Schankung mehrerer Güter mag des genannten Geschlechtes Bedeutung darthun. Als der erste dieses Geschlechts erscheint 1102 Ulrich v. Ainling, Ritter uxor Luitgarde v. Chillenthal.

---

1) v. Pallhausen, Nachträge zu Bayerns Urgeschichte S. 273. Neuburger Collektaneenblatt 1847.
2) M. b. XXII, S. 111.

1150 schenken Mechtild de Ainlingen und ihr Sohn Rupert de Ainlingen, 2 Höfe in Ainling an das Kloster St. Ulrich in Augsburg.¹)

1180 tritt ein Cunrad v. Ainlingen als Zeuge in einer Urkunde auf; zu gleicher Zeit, 1180, schenkt eine Mechtild v. Ainlingen dem Kloster St. Ulrich in Augsburg ein Gut zu Hügelhart (Hugolineshart) im Landgerichte Friedberg, der Pfarrei Ottmaring.²)

Um 1220 erscheint derselbe Conrad v. Ainlingen wieder, jedoch als abwesend, wahrscheinlich machte er einen Kreuzzug mit. Seine Gemahlin Mathilde, geb. v. Reinmutshofen, gab ihr Gut in Urinstetten dem Adalbert v. Pipinsriet zum Aufbewahren für ihren Mann Chunrad v. Ainlingen u. ihre Kinder Ulrich, Ortwin, Afra und Bertha. Nachdem aber Adalbert gestorben, vertrat dessen Stelle sein Sohn Chunrad. Die Söhne des Conrad v. Ainlingen verkauften dieses Gut an den Augsburger Domherrn Otto Einachel (Enkel), worauf von den Söhnen dieses Domherrn das besagte Gut von dem Kloster Scheftlarn angekauft wurde.³)

Ueber diesen Kauf entstand in der Folge ein Streit zwischen Heinrich v. Ainlingen, vermuthlich ein Enkel des Chunrad v. Ainlingen, und dem Kloster Scheftlarn, der damit endigte, daß Heinrich v. Ainlingen 5 Talente erhielt und jedem Anspruch darauf entsagte. Als Zeugen erschienen dabei Ortwin v. Ainlingen und Schwigger v. Rösing. Um 1250 erscheinen noch Siegfried v. Ainling, und seine Gemahlin Hilaria.

1280. Eberhart v. Einlingen, Ritter.

1300 Bertilia v. Ainlingen, Nonne im Kloster Niederschönenfeld.

Von nun an verschwindet der Name dieses alten adelichen Geschlechtes; vermuthlich erlosch dasselbe, oder begab sich in den Bauernstand zurück, was damals häufig geschah. Ihre Stammburg, die sich auf dem Kirchenberge erhob, wurde 1462 ausgebrannt, wenn dieß nicht schon 1388 geschah; denn in den Fehden der bayer. Herzoge Stefan und Friedrich machten die Augsburger und die mit ihnen Verbündeten einen Streifzug nach Bayern und verheerten dieses Land bis Regensburg. In Folge eines Ausfalles aus Augsburg wurden Rheling, Scherneck, Oberndorf, Dornsberg und Elgen in Brand ge-

---

1) M. b. XXII S. 28.
2) M. b. XXII S. 101.
3) M. b. VIII S. 473.

steckt, und Beute und Gefangene mitgenommen, was die Bayern mit Einäscherung von Bergen, Leitershofen und Steppach erwiederten.

II.

Im dreizehnten Jahrhunderte bildete Aindling eine eigene Untervogtei, auch Schergenamt genannt. Nach dem Saalbuche Ludwigs des Strengen v. J. 1275, gehörten auffer Ainling dazu: Pinnenbach, Rhöling, Iglbach, Katzenthal, Arnhof, Eifingersdorf, Pach, Sand und Stozart. Die herzoglichen Gefälle aus diesen Orten, zu dem praeconatus Ainling, führt das genannte Saalbuch an. Der Herzog besaß nämlich in Ainling 1 Zehenthof für den Kornzehent, Gefälle von 2 Huben, 7 Halbhuben, 1 Garten und Freising Schirmvogtei-Gefälle.

Der 1479 von Herzog Georg dem Reichen erneuerte Markt-Freiheitsbrief, weil der ältere verbrannte, bestätigt dem Markte die Markts- und Bürgerrechte, wie solche die Märkte St. Leonhart und Altomünster besaßen, ebenso bestätigte er das alte Marktwappen. Dasselbe besteht in einem schwarzen Adlerfuße mit ausgestreckten rothen Krallen im bayerisch blauen Felde. Im Jahre 1415, am 15. Jänner bekennt Hanns v. Holzheim, gesessen zu Paar, daß er durch den Grafen Ludwig von Oettingen, Hauptmann in Oberbayern, von Herzog Ludwig in Oberbayern den Zehent zu Niederpaar und den halben Zehent z. Ainlingen, z. Lehen erhalten habe. Gegeb. a. Freit. v. d. Obristen.[1])

1451 bekennt Paul Schenk, daß er durch den Grafen Ludwig von Oettingen zum Lehen erhalten habe, mit dem Hause zu Schnaitpach und dem Hofgarten, den Hof zu Aintling, das Gericht, und noch 3 Höfe daselbst, welche der Paumann, der Straßer und der Wentler bauen; ferner 1 Hube zu Pinnenbach, welche Hanns Mayr baut, 1 Hof zu Hausen, den der Sundel baut, den Zehent daselbst und zu Altmashausen, Pinnenbach und Eifingersdorf, Mainpach, Gachenpach und Westerheim. Siegelt als Zeuge Lienhart Sandizeller. Gegeben Mondtag nach Maria Geburt.[2])

1462 zog Markgraf Albrecht von Brandenburg, mit den Söldnern von Augsburg und des ganzen Bundes, am 18. April aus Augsburgs Thoren, machte einen Einfall in das Bayerland und verbrannte die Burgen und Ortschaften Mühlhausen, Rhölingen, Ainling und das Schloß Aeffingen. Seit dieser Zeit ist die Burg der Herren von Aindling verschwunden.

---

1) Bayerische Regesten, Band XII, S. 205.
2) Hund, Metropolis Salisburg. II. S. 112.

1554 hatte der Lech zwischen Augsburg und Friedberg durch Aenderung seines Laufes großen Schaden angerichtet; es wurde deßhalb auch den unterhalb gelegenen Gemeinden Ainbling und Herbertshofen erlaubt zu gebührender Befriedung und Erhaltung ihrer Gründe vor des Wassers Ungestüm zu bauen.

Herzog Wilhelm V. von Bayern verlieh der St. Michaelskirche in München den ewigen Genuß des Zehents zu Ainling und der Filiale Oedenhausen. Im Jahre 1653 stürzte plötzlich der Kirchthurm zwischen 2 Häusern ein, ohne einen weitern Schaden angerichtet zu haben.

III.

Auf einem Hügel am östlichen Ende des Marktes erhebt sich die Pfarrkirche, ein Gebäude älterer Art, unansehnlich, jedoch mit einem hübschen Kirchthurme mit schlanker Spitzkuppel geziert. Sie ist dem hl. Bischofe Martin gewidmet, und besitzt außer ein paar älteren Grabsteinen keine andern Merkwürdigkeiten. Diese Monumente, die sich auf der Evangelienseite an der Kirchenwand befinden, haben folgende Inschriften. Das erste 2′ hoch nud 2′ breit, hat das Wappen der Burgauer und Teufel. A. D. 1560, 9. Sept. starb der edl und fest Hanns David v. Purghau zu Puechel, darnach starb die edl und tugendhaft Fraw Jacobe, geb. Teufl, denen Gott genad.

Das zweite Monument hat das Prewersche Wappen mit der Inschrift: Hier ruht M. Franzisca Prewer geb. Hel auf Donau Altheim, hochg. fürstl. Augsburg. Burggraevin und der Hochstraß Forstmeisterin, die letzte ihres Namens. † 15. Nov. 1700.

Den Kirchensatz besaßen anfangs die Herrn v. Ainbling, von denen er später an die Herzoge von Bayern gelangte, die Herzoge Stephan und Johann vergabten 1388 am Mittwoch nach Mariä Geburt denselben an das Kloster Fürstenfeld, Papst Bonifaz IX. hat ihn alsdann demselben einverleibt und Bischof Burkart von Augsburg ertheilte 1391 hiezu seine Bestätigung.[1]

1363, 2. Febr. wird dem Heinrich Bucher, Pfarrer zu Ainlingen, vom Marschall Siegfried und Ulrich Goswein dem Marschallen von Dornsperg die Kirche zu Ostertshausen, als ihren treuen Träger, gegen eine Abgabe von 3 Pfd. Häller verliehen. Siegler der Abt von Thierhaupten und Chunrad Stumpf von Büchel (v. Freyberg baver. Regesten).

---

1) In M. b. befindet sich die Urkunde abgedruckt.

1424, 19. Nov. befiehlt Papst Martin dem Probste des Klosters zu hl. Kreuz in Augsburg, dem Kloster Fürstenfeld aufs Neue die Pfarrkirche zu Ainlingen einzuverleiben. Gegeben zu Rom XIII. Cal. Decb. im Pontificate des 8. Jahres. Dieß that Probst Heinrich **1428, 13. August.** (Bayer. Regesten XIII, S. 47).

1430, 15. April präsentirte Herzog Ludwig von Bayern dem Bischofe Peter von Schaumburg zu Augsburg, an Stelle des verstorbenen Pfarrers Liebhart Zins, als Pfarrer von Ainbling den Priester Wilhelm Forster. Gegeben zu Dingolfing am Charfreitag.

1431, 16. März investirt der Generalvicar des Bischofs Peter den von Herzog Ludwig präsentirten Pfarrer zu Ainling Heinrich Sägenschmied nicht, und beruft die Interessenten zum Vergleiche.

1450, 15. Nov. präsentirt Herzog Ludwig auf die Pfarrei Ainling den Johann Sägenschmied, Bruder des Hainrich auf dessen Resignirung.

Das Patronatrecht gelangte also von dem Kloster vermuthlich durch Tausch an die Herzoge von Bayern, da Herzog Wilhelm V. es an das Collegium der Jesuiten in München überließ; da aber diesem der Ort zu weit entfernt war, so hat es solchen sammt den Zehenten am 8. Juni 1677 dem Collegium der Jesuiten in Augsburg käuflich überlassen, von denen es bei Auflösung des Ordens wieder an Bayern gelangte, und gegenwärtig Se. Majestät der König es besitzt. Im Jahre 1762 bestand die Pfarrei aus Ainbling, den Filialen Büchl, Eifingersdorf, Petersdorf, Allmering zur Hälfte, Appertshausen, Pach, Binnenbach, Edenhausen, Gungstätten, Indersdorf und Sand.

Unter dem damaligen Pfarrer Jos. Dosch (geb. zu Dasing 1721, instit. 1750 18. October) zählte die Pfarrei 1200 Seelen. Gegenwärtig beträgt die Seelenzahl 1532 Seelen in 336 Häusern, und zählt demnach mit Ausnahme der Stadtpfarrei Friedberg, im Landcapitel Friedberg, von allen Pfarreien die meisten Seelen, und da diese in 9 Ortschaften vertheilt sind, so ist sie auch ziemlich beschwerlich; wozu noch der Umstand kömmt, daß sämmtliche Ortschaften, mit Ausnahme der Filiale Petersdorf, in engen Thälern, ringsum von Hügeln eingeschloßen liegen. Bei der Pfarrkirche ist seit 1790 eine Frühmeße gestiftet, weßhalb der Pfarrer zu dem altherkömmlichen Kaplan noch einen zweiten als Frühmeßkaplan zu halten hat. Auch befindet sich an derselben eine sog. Liebsbunderbruderschaft unter dem Schutze der schmerzhaften Mutter, deren Zweck ist die Erlangung einer glückseligen Sterbestunde und Erlösung aus dem Reinigungsorte. Sie hat gegen 2000 Mitglieder.

Nachdem die Filialen Sand und Bach zu Anfang dieses Jahrhunderts mit der Pfarrei Todtenwies vereinigt wurden, so sind jetzt folgende Ortschaften eingepfarrt:

1) **Petersdorf**, ein Dorf an der Landstraße von Neuburg nach Augsburg, 1¼ Stunde von Aindling östlich entfernt, zählt in 37 Häusern 193 Seelen, und bildet mit den Einöden Indersdorf und Appertshausen eine politische Gemeinde. Wegen zu weiter Entfernung besuchen die Kinder die Schule im Pfarrdorfe Alsmoos. Die Kirche, vom Gottesacker umgeben, steht unter dem besonderen Schutze des hl. Bischofs Nikolaus, wo an jedem 2. Sonntag pfarrlicher Gottesdienst abgehalten wird.

2) **Indersdorf**, Einödhof mit 1 Haus und 16 Seelen, 1 St. östlich von Aindling entfernt; im Kirchen-, Schul- und Gemeindeverbande mit Petersdorf.

3) **Appertshausen**, Weiler von 3 Bauernhöfen mit 27 Seelen, ½ St. von Aindling, woselbst Schule und Sepultur für diesen Weiler ist.

4) **Eisingersdorf**, ¾ St. östlich von Aindling entfernt, zählt 26 Häuser und 136 Seelen. Die Kirche ist dem hl. Ulrich geweiht und ist vom Gottesacker umgeben. In ihr wird abwechselnd mit Petersdorf an Sonntagen pfarrlicher Gottesdienst abgehalten, auch wie in Petersdorf wöchentlich einmal Meße gelesen.

5) **Edenhausen**, früher Oedenhausen, im nämlichen Thale in sehr sumpfiger Lage, ¾ St. nördlich von Aindling entfernt; zählt 31 Häuser und 139 Seelen, bildete früher mit Büchl eine polit. Gemeinde, jetzt aber besteht sie als solche für sich und besuchen nur die Kinder die Schule in Büchel.

Berchtold Marschall von Schiltberg schenkte 1268 an das Kloster Niederschönenfeld 1 Hof zu Oedenhausen, der immer leibgedingweise verliehen wurde.

6) **Binnenbach**, Dörfchen mit 21 Häusern und 160 Seelen ½ Stunde vom Pfarrorte in nordöstlicher Richtung gelegen, ist von 3 Seiten von Hügeln umgeben. Zur Schule und Sepultur gehört Binnenbach nach Aindling. Im J. 1837 baute die Gemeinde mitten im Dorfe eine dem hl. Anton von Padua gewidmete Kapelle, die aber vom Anfange an für die Gemeinde zu klein war, weil trotz

aller Bemühungen von Seite des Pfarrers und der Gemeinde vom Bauplane abgewichen werden durfte.

7) **Allmering**, südlich von Aindling 1 St. entferntes Dörfchen wie hinter hohen bewaldeten Hügeln versteckt, mit 12 Häusern und 82 Seelen, wovon 10 Häuser zur Pfarrei Aindling gehören und 2 Häuser Hs. Nro. 1 und 4 nach Röhling pfarren. Das Dörfchen steht mit Röhling im politischen Gemeindeverbande und beide besuchen dort die Schule. Die Sepultur aber für die 10 Häuser ist in Aindling. Der Ort Allmar, Mannsname und ing = Ort ist alt. Schon 1581 verkauft Görg Böck und seine Hausfrau Anna, an Hanns Riegel zu Allmaring um 11½ Gulden 1 Wiesmad zu Oberach, welchen Kauf die Gemeinde Aindling mit Anhängung ihres Siegels bestätigte.

8) **Gungstätten**, einzelner Bauernhof mit 1 Haus und 6 Seelen. Dieser Hof, am Wege nach Allmaring gelegen, auf einer Anhöhe, wurde 1857 auf Abbruch verkauft.

Büchel,

einst Büchel, Puchela = Hügel, leitet seinen Namen von jener Anhöhe, Büchel, ab, auf dem sich das Schloß der Gutsbesitzer, jetzt in moderner Art gebaut, erhebt, und deßhalb der Schloßbüchel genannt wird. Es gehört dieses Dorf mit 41 Häusern, worunter das Haus des Schulbeneficiaten, und 169 Seelen zur kath. Pfarrei Aindling und zum kgl. Landgerichte Aichach, und liegt in angenehmer Gegend 1 Stunde vom Lechflusse entfernt.

Um den Fuß des Schloßbüchels zieht sich halbkreisförmig ein Weiher und in der Richtung gegen Nordost bildet ein Graben mit einem Bächlein die Gränze; das sumpfige Thälchen mündet in das breite Lechthal aus; eine hohe Hügelkette mit dem sog. Bußberge trennt Büchel von Aindling, von dem es ¾ St. entfernt ist.

Die Kirche ist ein neueres Gebäude mit einem Thurme mit Sattelbach, von freundl. Gestalt, reich an Monumenten von spätern Gutsbesitzern. Sie ist zu Ehren Maria Heimsuchung geweiht u. enthält 3 Altäre.

Die Entstehung des Dorfes ist unbekannt, die ältesten Besitzer der Burg und des Dorfes Büchel waren die Herrn v. Büchel, die sich vom Orte die Büchler nannten Beurkundet ist schon frühzeitig 1160 Ulrich v. Puchl, uxor Adelhaid z. Büchel. Conrad v. Pucheln 1199[1]).

---

[1] Neuburger Collectaneenblätter Jahrgang 1841.

1240 Anselm Püchler zu Puchel.
1257 Conrad Puchler.

Um 1280 kam es an die Brüder Conrad und Engelhart von Wildenrod, in deren Besitz es 1297, als Herzog Rudolf mit der Stadt Augsburg in Fehde lag, von den Augsburgern überfallen und verbrannt wurde.

Um diese Zeit treten als Besitzer von Büchel auf die Stumpfen. Diese schrieben sich so von ihrer Stammburg Stumpfsberg. Sie hatten vermuthlich durch Heirat die nahegelegene Hofmark Pach erlangt und schrieben sich auch davon. Schon im Jahre 1190 erscheint Berchtold der Stumpf von Pach und ebenso in einem Traditionsbuche des Klosters Scheiern im Jahre 1200. Seine Gemahlin war Agnes.

Deren Sohn Wallram Stumpf erscheint in einer Kloster Thierhauptenschen Urkunde als Ritter zu Pach 1230.

Symprecht Stumpf zu Pach, dessen Gattin Irene v. Dornsperg, hatten einen Sohn Bertold, der im Kloster Bergen bei Neuburg einen Jahrtag hat, der am 28. Febr. abgehalten werden sollte.

1276 hat Wilhelm Stumpf v. Pach Verena v. Gumppenberg zur Frau, deren Schwester Gutta dem Friedrich v. Killenthal 1270 vermählt war.

Obiger Bertold der Stumpf erscheint 1265 und 1280 unter den Zeugen und Freunden der Kirche St. Ulrich und Afra zu Augsburg (M. B. XXXIII, S. 14, 545.)

1270 erscheinen die Stumpfen als Besitzer von 2 Höfen in Stuben (M. b. IV, 21).

Diese Stumpfen erscheinen auch zu Anfang des XIV. Jahrhunderts als Besitzer von Büchel und Pach, und zwar ist Conrad Stumpf von Pach und Püchel im J. 1306 aufgeführt, er erscheint auch als Zeuge in einer Kloster Thierhauptenschen Urkunde.

1312, 1315 sind Konrad und Nyklaus die Stumpfen zu Pach und Puchelen, Gebrüder, Zeugen bei einem Zehentverkaufe.

Genannter Conrad Stumpf baute die Burg Büchel neu auf, hinterließ mit seiner Ehewirthin Mechtilde, 1319, 3 Söhne, Konrad, Nikolaus und Bertold, sowie 2 Töchter Agnes und Afra.

Bertold Stumpf von Buchele ist Zeuge in einer, am 20. Juli 1330 ausgestellten Urkunde Bertolds von Röhling (bayr. Regesten VI, S. 338. VIII, 5. XII, 183. M. b. IX, 133, 335. 337).

Conrad Stumpf v. Buchel und Pach 1324, vermählt mit Elsbet von Chillenthal erscheint 1330 in einer Kloster Pollingschen Urkunde, gab 1340 1 Hof zu Remoltsried dem Kloster Unterstorf zu einem Seelgeräthe, gab 1338 gegen Tausch einen Zehent zu Raitenbrunn an Kaiser Ludwig und erscheint als kaiserl. Pfleger und Zeuge in Kloster Hohenwartschen Urkunden u. im Diplomatarium des Klosters Fürstenfeld 1367. Er erscheint 1333 als Zeuge am Gericht zu Aichach B. Reg. VII, 48, ist 1340 mit Weinhart und Eberhart von Rorbach Bürge l. c. 290 mit Gumppenberg 356, siegelt als Oheim der Adelhaid von Oetting, Heinrichs v. Berg Wittwe, einen Brief der letztern fürs Kloster Kaisheim und ist Mitsiegler in einem Briefe des Marschalken von Obernbdorf genannt von Ellgen.

Niklaus Stumpf, Conrads Bruder, hatte Elisabet von Otting als Gattin und einen Sohn, der 1350 als Ritter von Puchel aufgeführt ist.

Bertold Stumpf von Pach zu Puchel, des vorstehenden Conrads Sohn, heirathete Anna v. Schöneck in Schwaben, verkauft seine Vogtei über mehrere Güter in Pfaffenhofen. Unter den Bürgen Konrad der alte Stumpf zu Pücheln, Herr Ulrich sein Sohn zu Sielenbach, Conrad des alten Stumpf Sohn, Hr. Ulrich Bruder. (M. b. XXXIII S. 348).

Ulrich Stumpf v. Pach und Püchel, gleichfalls des obigen Conrad Sohn, war Richter zu München, besaß das Patronatsrecht von Haunswies, welches 1406 Ulrich Niederer von Paar, zu Aichach Richter, dem Kloster St. Ulrich verkaufte. Er siegelt ein Bündniß mit mehreren Adelichen, dem Herzog Meinhart beizustehen gegen dessen Entführer 6. Mai 1362, und lebte noch 1370.

Hanns, Conrad, Heinrich und Eberhart Stumpfen sind die jüngsten Söhne des Conrad. Conrads Base, Agnes, hat den Ritter Herrmann v. Holzheim geheirathet 1334 [1])

---

1) Diese Herren von Holzheim, gräflich Gratsbachsche Ministerialen, schrieben sich von dem Dorfe Holzheim bei Rain und hatten auf dem jetzigen St. Michaelsberge ihre Stammburg, woselbst noch Wall und Graben vorhanden.
1180 ist Sintfried v. Holzheim, uxor Luitgarde, bezeugter (M. b. XXII, 112).
1238 Ulrich v. Holzheim.
1270 Marquart v. Holzheim, des Vorstehenden Sohn, lebte 1300.
1290 — 1313 Hartnid v. H. (M. b. XIV. 163). Härtlein sein Sohn.
1340 Herrmann, Hartnids Sohn. Afra seine Tochter.
1302 Ulrich v. H. Kinder Herrmann, Ursus, Hartnid; Hilaria, Anna, Hilprand † 1330 liegt in Thierhaupten.
1318 Hartung v. H., uxor Gundhild Regel von Altesheim, Truchsäßin.
1320 Hartmann v. H., Oheim Arnolds v. Straß.
1321 Chonrad v. H. Heinrich sein Sohn, Irmelgarde seine Tochter.

1375 lebte vorstehender Ulrich der Stumpf noch, und hatte 6 Hausfrauen, deren Namen bis auf 2, Libwina und Corona unbekannt sind. Heinrich, Conrad und Siegfried werden als seine Söhne aufgeführt, Claudia als seine Tochter. Sein Bruder Ulrich war zu Sielenbach seßhaft und hatte zur Gemahlin, 1367, Magdalena, des Ulrich von Eisenhofen Tochter.

1376, Conrad Stumpf von Pach zu Büchel, seine Gemahlin Elsbet Eglinger. Sie gab ihrem Ahnherrn Eberhart Eglinger ihren Hof zu Lenggrieß sammt der Schweig auf dem Hirschbach 1385, und verkaufen 1372 1 Hube und den Zehend zu Siningen an die Bürger Chunrad Freisinger, Hanns Koch und Aelblin Grabner zu Neuburg. Als ihre Kinder erscheinen Dieterich 1391 (M. b. X.), Ulrich und Conrad 1393, Wilhelm 1396 im 22. Turnier zu Schafhausen 1392. Ulrich Stumpf zu Büchel hatte eine Tochter Bibiana, und eine Tochter Margaret, welche den Ulrich Teufel heirathete. Desgleichen hatte er drei Söhne, Dieterich, Leonhart und Ulbrich, welch letzterer 1419 als Bürge erscheint.

1405 Leonhart Stumpf von Pach zu Büchel, dessen Hausfrau Anna Gerlachs von Weißing Tochter war. Leonhart, deren Sohn, hat den Ulrich Stumpf jämmerlich ermordet, und mußte unter andern Bußwerken nach Kloster Unterstorf eine ewige Messe auf den St. Johannes-Altar stiften. 1409 hat Peter Teufel und seine Hausfrau Margaret geb. Stumpf, vermuthlich Schwester des Ermordeten, mit 22 Pfund Pfennige Ewiggelt aus einem Hof dieser Stiftung verschrieben.

1328 Heinrich von H. Herrmann sein Bruder Ritter.
1330 Albrecht v. H. 1342. Kinder: Herrmann 1332 — 1344, gesessen zu Monheim, uxor Agnes v. Bach. Dittmar, Seyfried, Otto Rainhart, Mechtilde seine Kinder.
1334 Seyfried v. H. uxor Margaret Knoll v. Gansheim. Kinder Seyfried, Hans, Egard, Ulrich, Eberhart, Ernst. 1339 Marquart von Holzheim.
1350 Ulrich v. H. Vogt zu Rain 1358, uxor Margaret Rödesheimer siegelt 1374 ein Bündniß. Söhne Hanns 1409. Chunrad 1410. Hans war Pfleger der neuen Veste in München. Lebte noch 1430.
1403 Hanns v. H. siegelt auf dem Landtage zu Freising, uxor Helena Riederer von Paar † 1456.
1423 Lienhart und Ulrich v. H. zu Holzheim und Pertenau.
1450 † Sabina v. Holzheim.
1425 Conrad v. Holzheim, verkauft die Hofmark Pertenau an Georg v. Gumppenberg.
1447 Magdalena v. Holzheim. Peter Teufel, ihr Lehenträger.
Diese Herren v. Holzheim waren große Wohlthäter des Klosters Niederschönenfeld; Clara v. Holzheim war Äbtißin dieses Klosters von 1401 — 1406, 1341 schenkte Albrecht v. Holzheim an dieses Kloster 1 Gut zu Wortelstätten, wovon seine Töchter Clara und Elisabet, Klosterfrauen zu Niederschönenfeld, lebenslänglich den Genuß haben sollten.

Dieser obige Leonhart Stumpf junior, deffen Hausfrau Agnes hieß, fertigte 1429 ein Bündniß der Stände von Oberbayern zu Augsburg, und hatte 3 Söhne Georg, Leonhard und Ottmar.

Leonhart Stumpf und sein Sohn Leonhart und dessen Hausfrau Anna verkaufen ihren Zehent zu Allmering am Sonntage Jubica 1405 an Gebhart und dessen Hausfrau Elsbet, Bürger zu Aichach. Der ältere Leonhart Stumpf vou Puchelen, verkauft sein Drittel, das er an Gericht, Vogtei und Ehehaften von Sielenbach hatte, seinem Schwager Peter Marschalk von Ränhofen und Margaret seiner Hausfrau geb. Stumpf 1416. Desgleichen verkauft Leonhart Stumpf 1435 die Hofmark Pach gen. U. L. Fr. Pfarr zu Ingolstadt, und zwar das Burgstall, Hof, Güter, Vischwaßer, Zehent, Holzmarken, wovon ihm jährlich 25 Pfd. Pfennig Zins zu reichen war. Nach seinem Tode sollte das Reichniß aufhören und Herzog Ludwig gab die Stiftung zur hohen Schule in Ingolstadt und laut der Landtafel unter Herzog Max I, wird die Universität Ingolstadt als Besitzerin von Pach und Sulzbach aufgeführt.

Leonhart Stumpf, des alten Leonhart Sohn, erscheint 1461 als Schiedsrichter (M. b. IX, 336) und ist der Letzte aus dieser Familie. Er lebte noch 1470 und seine erste Gemahlin war Euphemia Marschallin von Oberndorf, die zweite hieß Maria. Mit ihm sind die Stümpfen zu Pach und Büchel ausgestorben. Ihr Erbbegräbniß hatten sie im Kloster Indersdorf, dort befand sich auch ein alter Stein, auf dem geschrieben stand: „Hier liegen begraben 4 Ritter genannt die Stumpfen. Ihr Wappen war auf dem Helm 3 gelbe Bundhütel, auf einer rothen Decke, im Schild einen blauen Panther mit 2 Köpfen. Die Birkheimer zu Haselbach, als Verwandte der Stumpfen, eigneten sich deren Wappen an.[1]

Durch Heirat der Margaret Stumpf von Büchel, Tochter des Ulrich Stumpf, der von Leohnhart Stumpf ermordet wurde, kam Büchel an die alte nordgauische Familie der Teufel. Das Wappen der Teufel zu Büchel bestand in einem gelben Schilde, worin eine weiße Zwerchstraffe, darin 3 blaue Blätter sich befinden. Auf dem Helm sind 3 goldene Büffelshörner in einer Krone, und zwischen diesen ein blaues Kleeblatt.[2]

Ulrich Teufel, Pfleger zu Dachau 1423 und 1424 zu Aichach, der die Margaret Stumpf zur Gattin hatte, war der Erste dieser

---

1) Wiguleus Hund bayer. Stammbuch. Ströllers genealog. Lexikon I. Theil.
2) Die Stumpfen zu Büchel besaßen auch die Hofmark Waidhofen bei Schrobenhausen, welche sie im Jahre 1388, an Eberhard den Schenken aus der Au (Schenkenau) verkauften.

Linie der Teufel zu Büchel. Er reversirt 1415, 8. Jänner in seinem Schloße Büchel über Hrn. Grafen Ludwigs von Dettingen, Hauptmanns in Oberbayern, erhaltene Belehnung mit seiner Behausung zu Büchel, und einer Holzmark dabei, der Forst genannt, zwischen den Hölzern Summerau und Neubau. Gegeben am Erchtag nach dem Obristen. Noch im Jahre 1425 erscheint Ulrich als Zeuge (bayr. Regesten, XII, 300.) 1423 verkaufen Hanns und Albrecht die Judmann, Gebrüder, ihren Sedlhof zu Walleshausen im Gerichte Landsberg, den Conrad Strigl baut, dem Conrad Schwabholz Bürger zu Landsberg und dessen Hausfrau Elisabet um 300 fl. und setzen zu Bürgen Hanns den Holzheimer, Ulrich Teufel zu Büchel und dessen Sohn Peter. — Dieser Ulrich Teufel, † 1434, liegt im Kloster Indersdorf, wo er einen Grabstein hat.

Als seine Söhne sind bekannt, Ulrich, Peter, Arnold † 1436, Wilhelm siegelte 1430 den Bundbrief zwischen der Ingolstädter und Münchner Landtafel, Gilbert † 1440; Adelheid heirathete den Eberhart Riederer zu Paar, 1456.[1])

Ulrich Teufel zu Büchel, dessen 1. Hausfrau Hilaria Scharrerin v. Scharn, war, starb 1446. Sein Sohn Peter erhielt Büchel und obigen Forst zu Lehen von dem Herzoge von Bayern 1447, war bereits 1431 Hofrath in Ingolstadt und 1449, 23. Juni verlieh ihm der Herzog Heinrich den Zehent zu Niederpaar, von den Sedlhöfen und dem Herzogshof: gegeben am St. Johannes Abend zu Aichach. Peter Teufel heirathete die Wittwe des Dietrich Moosheimer, Brigitta von Stingelheim 1440. Sein Bruder Hanns Reinhart war Amtmann zu Möring 1436.

Peter Teufel war auch 1447 Lehenträger der Magdalena Holzheimer zu Holzheim, lebte laut Landtafel noch 1461.

---

1) Die Riederer waren zu Riethelm und Paar seßhaft. Eberhart Riederer zu Riethelm Vogt zu Aichach 1405.
1415 Ulrich Riederer Vogt zu Neuburg und 1418 Vogt zu Rain.
1440 Eberhart Riederer zu Riedheim jun.
1441 Gisi Riederer zu Paar, Pfleger zu Aichach.
1454 Jörg Riederer zu Paar.
1470 Michael Riederer zu Paar † 1517.
Michael Riederer jun. zieht in das gelobte Land 1483. Pfleger zu Rieverschönenfeld.
1490 uxor Sabina v. Grafberg. Pfleger zu Rain 1505 † 1517.
Susanna Riederer Nonne in Rieverschönfeld 1513.
Jörg Riederer zu Paar 1519 † 1538.
Veit Riederer zu Paar 1529. Oberrichter zu Ingolstadt † 14. August 1560 liegt in der Franziskanerkirche daselbst: uxor Sabina, Tochter Maria.
Michael Jörg Riederer † 1560, 23. Jänner.

Seine Kinder waren, Peter, Hanns Gebhart, Gedeon, Marquart † 1480, Ulrich, der 1462 im Mai von den Augsburgern gefangen genommen wurde, und Anna.

Peter Teufel wurde Küchenmeister des bayr. Herzogs 1486, war Herr auf Büchel mit seinem Bruder Hanns.

1490 muß jedoch Peter schon gestorben gewesen sein, denn Hanns Teufel zu Büchl und seiner Schwäger Steuer betrug 16 fl. 18 Pf., ist also Hanns als alleiniger Besitzer von Büchel aufgeführt. Diesem obigen Ulrich Teufel stellte der Herzog Ludwig der Reiche 1463 einen Schuldschein zu 56 fl. aus.

Thomas und Sebastian die Teufel zu Büchel erschienen 1506, und sind vermuthlich Söhne des vorstehenden Hanns Gebhart. Thomas Teufel, Ritter zu Büchel, verkauft 1527 die Hofmark Haubing, Pfleggerichts Schärding an das Stift Reichersberg [1]) und 1533 verkauft er an die Böhaim zu Adelshausen ein Lehen und die Freiheit zu Schrobenhausen, nämlich von allem feilen Vieh das Brustsstück und das Zagelbein zu verlangen. Diese Gerechtigkeit war ein Lehen vom Schloße Büchel und ging auch auf die spätern Besitzer, die von Sandizell über.

Hanns Teufel zu Büchel erhielt 1537 die Belehnung; er und dessen Hausfrau Ursel geb. v. Burgau, haben übel gehaust, viel Schulden gemacht, ihre Kinder noch mehr. Hanns starb 1561, und hinterließ 11 Kinder. Joachim, der älteste Sohn, wurde nebst den 10 Geschwisterten am 4. Juni 1561 von Herzog Albrecht mit der Behausung zu Büchel, dem Forst zwischen der Summerau und dem Neuhau belehnt. Seine Gemahlin war Anna v. Gumppenberg, Wittwe des Georg Riederer von Paar. Ihre Tochter Jakobe heirathete den Hanns David von Burgau, lebte noch 1560, Cleopha, geb. Teufel von Büchel, war Gemahlin des Hanns Wolf Steinhammers, Spitalverwalters zu Neuburg, Balduin Teufel von Büchel, vermuthlich ein Sohn des Hans Teufel, ein sehr tapferer Gesell, kam im Kriege um 1606. — Adelhaid Teufel von Büchel heirathete den Hanns Vestenberger Landsaßen zu Frohnberg und dann den Hanns Losnitz Pfleger zu Hohenburg.

Weil in Büchel Hanns Teufel und seine Mutter begraben liegt, so geht das Sprichwort: In Büchel liegt der Teufel und seine Mutter begraben.[2])

---

1) Topographie des Innviertels. Wien 1779 S. 20.
2) Die Teufel zu Büchl besaßen auch den alten Sedlhof, Wörthhof, bei Schrobenhausen, unter Mühlried, und verkauften ihn mit dem Kirchlein St. Margaret 1541 an die Herren von Weich zu Steingriff.

Von Joachim Teufel und seinen Geschwisterten hatte der edel und vest Hanns v. Gumppenberg zu Pöttmeß und Euernpach, Sohn des Hanns v. Gumppenberg und dessen Ehefrau Erntraud Scharrer von Scharn, des Königs von Hispanien Oberst und Provisoner, 1564 Büchel erkauft. Er baute noch im nämlichen Jahre das Schloß daselbst neu auf, starb aber kinderlos 1573, 24. Mai als Pfleger von Rain, welche Pflege ihm der Herzog Albrecht, um näher bei Büchel sein zu können, statt der Pflege Braunau verliehen hatte, und liegt im Kloster Thierhaupten begraben nebst seiner Gemahlin Barbara, geb. Kärgl † 1606 12. Febr. Ihr gemeinsamer Grabstein ist in den M. b. 5. Band enthalten. Georg erscheint darauf nebst seiner Frau knieend vor einem Kreuze abgebildet, oben sind 4 Wappen. Scharrer, Gumppenberg, Kärgl, Ebran, unten die Inschrift A. D. 1573 den 21 Mai, starb der Edl und Streng Herr Hanns Jörg v. Gumppenberg zu Betmeß und Büchel, Ritter, erblandmarschalk in Baiern sel. Pfleger zu Rain, Obrister des K. Würden in Hispanien, dem Gott gnad. A. D. 1606, den 12. Febr., starb die edl und tugendhaft Fraw Barbara ein geborne Kerglin, seine eheliche Hausfraw, d. G. G.

Georg v. Gumppenberg hatte in seinem Testamente die Hofmark Büchel seiner Wittwe vermacht, da dieselbe ohnehin durch das Vermögen derselben hauptsächlich erworben wurde; allein sie hatte große Schwierigkeiten sich im Besitze von Büchel zu erhalten, da sie es versäumt hatte, um die dazu gehörigen Lehen rechtzeitig wieder nachzusuchen. Erst nach langem Streite mit dem Lehenhofe, der sich bis an das kaiserliche Kammergericht erstreckte, bekam sie 1579 die Belehnung und erhielt auch 1580 vom Herzoge die Erlaubniß, ein noch von den Teufel erbautes, nicht eingeweihtes Kirchlein, unter dem Schloßthore, das den Eingang hinderte, abbrechen und versetzen zu dürfen. Aber noch bei Lebszeiten überließ sie Büchel ihrem Erben, dem Sohne ihrer Schwester Martha, Sigmund v. Sandizell zu Tunzenberg, der auch am 25. Juni 1605 damit belehnt wurde. Von 1612 bis 1615 war Hanns Ortolf v. Sandizell Besitzer zu Büchel u. laut Landtafel von 1525, Wolf Dietrich v. Sandizell. 1615 24. April verschreibt Anna v. Pfeffenhausen geb. von Fraunberg, dem edl und vesten Herrn Adolf Lösch von Hilkertshausen, Pfleger zu Kraiburg, zur Schadloshaltung seiner Bürgschaft jene 6692 fl., die ihr lieber Sohn Hanns Ortolf zu Büchel ihr eigenthümlich schuldet.

Im dreißigjährigen Kriege ist Büchel hart mitgenommen worden. Da sich die Einwohner in das Schloß geflüchtet hatten, und sich gegen eine schwedische Horde tapfer vertheidigten, wurde das Schloß von den Schweden eingenommen und kam dem Ruine nahe.

Um 1704 erscheint Büchel im Besitze der Gugler. Philipp Karl Gugler, Churbayer. Truchsäß, war Besitzer.

Seine Tochter Maria Theresia Beatrix, heirathete den Herrmann v. Chlingensperg, Juris utr. Profeßor zu Ingolstadt † 22. Februar 1755, und starb 1723 27. April, 32 J. alt.

Büchel kam dann an die Freiherrl. Familie v. Lafabrique zu Paar, 1816 war Frau v. Verlohner, verehlichte Morasch Besitzerin und jetzt besitzt dieses Gut die Freih. Familie v. Schätzler aus Augsburg.

1710 wurde ein Schulbeneficium durch den Hofmarksherrn Josef Gugler zu Büchel errichtet; die Schule besuchen außer den Kindern des Dorfes auch die von Edenhausen und Eisingersdorf. Auf dieses Schulbeneficium präsentiren auch die jeweiligen Gutsherrn.

Röhling und Scherneck.

Eine halbe Stunde vom Lechflusse liegt Röhling, ein Pfarrdorf von 63 Häusern und 300 Seelen, zum kgl. Landgerichte Aichach gehörig. Die Ortslage ist hoch und bietet eine sehr schöne Fernsicht. Noch schöner gestaltet sich dieselbe in dem nahe anliegenden Weiler Scherneck, wo man eine unbeschreiblich schöne Fernsicht das Lechthal auf- und abwärts genießt.

Rheling in alten Urkunden Rochelinga genannt, ist alt, und ist es sehr wahrscheinlich, daß auf dessen Stelle einst römische Befestigungen sich erhoben haben, indeßen ist mir von römischen Alterthümern daselbst nichts bekannt. Von ihm schrieb sich ein uraltes, noch blühendes Geschlecht der Herrn v. Rhelingen, das hier, in Griesstätten und Scherneck, 3 Burgen besaß, von denen die ersten beiden im 14. Jahrhundert in Verfall geriethen, während weithin sichtbar sich nur die 3. Stammburg Scherneck im neuern Gewande erhielt; wahrscheinlich sind die andern 2 Burgen am Gertrudentag 1388 zerstört worden; denn an diesem Tage nahmen die Augsburger Röhlingen und Scherneck ein, verbrannten sie und die umliegenden Ortschaften und kehrten andern Tags unangefochten wieder heim.[1]

Eine lange Reihe von Jahren war dieses Geschlecht der Röhlinger

---

[1] Gollmanns Geschichte von Augsburg I. Theil.

auf ihren Stammburgen seßhaft, wie denn schon 1030 Bertholdus de Rochelingen vorkommt. (M. b. XXII, 7). Walchun de Rhölingen 1085, (bayer. Regest. 102.) 1090 Ulrich v. Rhölingen, 1164 Schwigger v. Rhölingen und so mehrere dieses Geschlechtes, deren Stammreihe man in Augsburger Geschlechter-Büchern findet. Im J. 1311, 6. August machte Bertold v. Röhling eine Verordnung, wie es nach seinem Tode zwischen seinen Kindern Bertold, Greimold u. s. w. und seiner Hausfrau Agnes soll gehalten werden. Nebst einer ansehnlichen Getraidabgabe soll ihr die Verleihung der 2 Pfründen am Dome zu Freising und St. Andrä, 30 Pfund Pfennige zu Ankaufung eines Wohngebäudes und der nach ihrem Tode an St. Ulrich in Augsburg heimfälligen Frohnänger zu Taitweiß, ausgesetzt werden. Gegeben zu Freising. (Bayr. Regesten V, 203).

 Greimold v. Rhöling sagte am St. Ulrichstage 1300 der Stadt Augsburg auf Rheling und seinen andern Schlößern die Oeffnung b. h. das Recht, jederzeit für ihre Leute die Aufnahme in den Burgen zu begehren, zu, und erhielt dafür das Bürgerrecht in der Stadt, wodurch er der Stifter des nachmaligen noch jetzt blühenden Patricier-Geschlechtes der Rhelinger wurde.

 Greimolds von Rhölingen Sohn, Hanns Jakob, sah sich durch die große Anzahl seiner Geschwisterte, die er hinaus bezahlen mußte, gezwungen, die Stammgüter zu verkaufen. Gemäß Urkunde vom St. Gallentag 1322, verkaufte er die 3 Burgen und Behausungen Rhöling, Grlesstätten und Schernek, mit sammt der Hofmarksgerichtsbarkeit, Vogtei, geistlichen und weltlichen Lehenschaften, d. h. Patronatsrechten und Activlehen, Mannschaft, Gütern, Leuten, Wiesen, Aeckern, Holzmarken, Weiden, Fischerei, Grund und Boden, um 2064 Pfund Münchener Pfennige an Herrn Heinrich Ritter von Gumppenperg und dessen Söhne Stefan und Heinrich. Als Bürgen erscheinen im Kaufbrief unterzeichnet, Bertold Truchsäß von Killenthal, Seifried Marschall zu Oberndorf, Conrad Stumpf zu Büchel, Ulrich Marschall von Thurnek. Die zu diesen Besitzungen gehörigen landesherrlichen Lehen, nämlich Gericht und Hofmark zu Rheling, die Vogtei zu Allmering, und des Herzogs Anger zu Ach, wurden ihm am St. Jakobusabend 1323 von Kaiser Ludwig zu Lehen gegeben, und 1334 erwarb er um 40 Pfund Pfennige von Eberhard dem Mühlrieder die unterhalb Rheling gelegene Mühle. Auch Greimold v. Rheling gab ihm die beiden Dörfer Unterpachern und etliche Vogteien im Jahre 1323 zu kaufen. 1330, 30. Juli verrichteten sich bezüglich dieses Kaufes Bertold von Rhölingen und sein Bruder Cunzel von Rhöling mit Frau Margaret ihrer Schwester, Vollmars von Schwarzenbach ehelicher Wirthin, über ihre in Anspruch genommene Heimsteuer und gaben ihr dafür zum rechten Eigen 5 Höfe, wovon 1 in Hollenbach und 1 in Hügenhausen lag. Als Zeugen erschienen dabei Heinrich von Gumppenberg, Vizdom in Oberbayern, Bertold der Stumpf zu Büchel, und Heinrich Schnellmann Ritter. Eben dieser Bertold und sein Sohn v. Rhöling verkauften 1321 an Stefan von Gumppenberg 1 Hof zu Wagenhofen, und 1352 etliche Güter zu Hollenbach; diese bedeutenden Besitzungen und die ehrenvolle Stelle, welche Heinrich im Dienste seines Kaisers hatte, machten ihn zu einem Vertrauensmanne bei Hoch und Nieder; er erscheint in vielen Urkunden als Schiedsrichter, Obmann, Bürge, oder wenigstens als Zeuge bei Vergleichen, Kauf- und Tauschhändeln oder Schankungen. Er war als Besitzer von Schernegg Stifter einer eigenen Linie von Gumppenberg-Schernegg.

Heinrich war zweimal vermählt, die erste Frau war Irmengarde v. Reichenberg. Er kömmt mit ihr in einer Verkaufs-Urkunde v. J. 1305, da er dem Kloster St. Clara in München den Hof in Hartheim verkaufte (M. b. XVIII, 45) nebst ihren Söhnen Stefan und Heinrich vor. Frau Irmel, wie sie hier genannt wird, war schon 1323 todt und wurde im Kloster Niederschönenfeld beigesetzt; der Grabstein den Heinrich ihr Gemahl setzen ließ, ist nicht mehr vorhanden, die Umschrift lautete: „Sepulchrum Dom. Heinrici de Gumppenberg et uxoris ejus Irmenigardis et omnium heredum eorum." Dieser zufolge hat Heinrich gleich seinem Vater Hildebrand beabsichtigt, in Niederschönenfeld für seine Familie ein Erbbegräbniß zu stiften; er schenkte auch dem Kloster um sein und seiner Hausfrau Seelenheil willen, 1 Hof zu Horgen. (Mon. b. XVI, 388).

Nebst den genannten Söhnen hatte Heinrich von Irmengarde auch eine Tochter gleichfalls Irmengarde. Dieselbe ehelichte den Bertold v. Seefeld, und erhielt als Aussteuer 400 Pfund Pfennige. Berthold v. Seefeld zu Peißenberg starb 1352, und hinterließ 2 Kinder, Johann Schirmvogt des Klosters Schlehdorf 1337, u. Anna Gemahlin Christians des Mammendorfers.[1]

Heinrichs zweite Gemahlin war Elisabet eine Tochter des Marschalks Heinrich von Pappenheim, Wittwe Dietrichs v. Hohenburg.

---

1) Weilheimer Wochenblatt Jahrgang 1843, S, 171. Die Edlen von Peißenberg und Seefeld.

Von dieser hatte er eine Tochter Namens Elsbet, die im Jahre 1351 den Ulrich Eisenhofer zu Odelshausen heirathete; Ellsabet die Mutter lebte noch 1350, wo sie eine Urkunde mit dem damaligen Wappen der Pappenheimer, einem Mohrenkopf, siegelte.¹)

Die beiden Söhne hatten bereits Weib und Kind, und hatten von ihrem Vater einzelne Güter und Renten erhalten, als er im Jahre 1341 auf Bitten seiner Söhne sich entschloß eine Theilung vorzunehmen, die nach seinem Tode mit seinen Besitzungen stattfinden sollte. Da legte Heinrich zu jedem seiner 2 Schlößer Gumppenberg und Scherneck gleichen Betrag an Gütern, Renten und Rechten, fertigte darüber ein Saalbuch und ließ seine Söhne eidlich geloben, darob zu halten, dann wurde durch das Loos entschieden und fiel Scherneck dem ältern Sohne Stefan, Gumppenberg dem jüngern, Heinrich zu. Wenige Jahre darnach sind Heinrichs beide Söhne noch vor ihm geschieden und nun übergab er 1350 seinen 2 Enkeln Heinrich, Stefans Sohn und Hanns dem Sohne Heinrichs all seine Mannslehenschaft und erwirkte auch bei Herzog Ludwig dem Brandenburger, daß dieser auch denselben die landesherrlichen Lehen die zu beiden Theilen gehörten zum Lehen gab. Die bei diesem Anlasse abgetheilten Stammlehen sind erst nach dem Aussterben der Nachkommen des jüngeren Heinrich zu Scherneck wieder vereint worden.

1350 stiftete Heinrich mit seinen Enkeln auch einen Jahrtag und anderes Seelgeräthe in die St. Johannes-Kapelle zu Pöttmeß. Heinrich kommt noch einmal in zwei Urkunden vom 19. März 1351 vor, in deren einer er als Bürge bei einem Kauf, den das Kloster Thierhaupten mit Heinrich v. Hugenhausen um einen Hof zu Hirschbach abschloß, auftritt (M. b. XXII, 317) und in der andern mit seinem Enkel Heinrich, eben diesem Kloster die Mannschaft und Eigenschaft an dem Hof Hirsbach bei Hugenhausen abtrat (B. Regest. VIII, 210. 1351, 29. Juli starb Heinrich v. Gumppenberg, 90 J alt und wurde im Kloster Niederschönenfeld an der Seite seiner Gemahlin beigesetzt. Außer dem Seelgeräthe, das Heinrich für sich und die Seinigen in die St. Johannes-Kapelle nach Pöttmeß und in das Kloster Niederschönenfeld vermacht hatte, verordnete auch Eberhard der Perger von Pöttmeß, als er 1357 einen Jahrtag nach Kloster Fürstenfeld stiftete,

---

1) Dieß und das Folgende größtentheils nach dem vortrefflichen Werke: die Familie v. Gumppenberg, von Albert Freih. v. Gumppenberg. Würzburg 1856.

daß hiebei auch des alten Heinrich von Gumppenberg gedacht werden sollte.¹)

Heinrich II. v. Gumppenberg, des alten Heinrich Sohn, wird schon 1350 bei dem Verkaufe des Hofes zu Hartheim urkundlich aufgeführt und erscheint später in einer Reihe von Urkunden, neben seinem Vater als Zeuge oder Bürge. Er war vermählt mit Anna Marschalkin von Pappenheim, mit welcher er 1341 seinem Bruder einige Zehenten und Vogteien zu Holzheim und Oberpaar verkaufte. Heinrich sollte gemäß der väterlichen Theilung vom J. 1341 dereinst Schernegg übernehmen, allein er starb wie sein Bruder schon vor dem Vater den 27. December 1349 und wurde in die St. Johanneskapelle zu Pöttmeß begraben, woselbst sein Grabstein sich befindet mit der Inschrift: „A. D. MCCCXXXIX in die S. Joannis apost. et evangelistae obiit heinricus de Gumpenberg junior." Er hinterließ folgende Kinder, Hanns, Elisabet, Conrad, Georg (Canonicus zu Andechs), Heinrich vermählt mit Afra von Seitzenstein, und Margaret.

Elisabet heirathete I. Ulrich Marschalk v. Obernddorf, II. 1392 Hanns von Laber. Sie vermachte 1392 ihrem Neffen Hanns, dem Sohne ihres Bruders Hanns sel., das Gut zu Hennenweidach und die zwei Mühlen zu Raßenfels an der Schutter, welche ihr, da sie noch ungetheilt mit ihrem Bruder war, als Erbe zugefallen waren. (Bayr. Regest. X, 313. Neuburger Collektaneenblatt 1853.)

Margaret, die zweite Tochter heiratete Ulrich den Schwelcher.

Hanns, den ersten dieses Namens, Sohn Heinrichs des Jüngern, haben wir bereits bei seinem Großvater Heinrich kennen gelernt, als er mit demselben die Stiftung in die St. Johannes-Kapelle machte und durch Uebergabe Schernegg sammt den dazu gehörigen Activ- und Passivlehen erhielt. Mit den letztern, so weit selbe vom Haus Bayern zu Lehen gehen, wurde er am Erchtag nach Jakobi 1330 von Herzog Ludwig dem Brandenburger belehnt. Hanns hatte noch mit seinem Vetter Heinrich wegen der Theilung der großväterlichen Güter viel zu bereinigen, bezüglich eines Hofes zu Aulshausen, den sie gemeinschaftlich zu benützen sich verständigten und wegen der

---

1) Diese Perger waren des Klosters Fürstenfeld Leute, und zu Pöttmeß auf dem Steinhof seßhaft. Sie sind in Diensten der Gumppenberge emporgekommen und zu adelichen Würden gelangt. Sie hatten im Wappen die Seeblätter wie die Gumppenberge, jedoch anders gestellt. Hieraus wollte Hund schließen, daß sie von den Gumppenbergern abstammen, indessen ist dieses adeliche Geschlecht bald erloschen und der Steinhof kam an die Gumppenberge.

Leibeigenen, von denen er die zu Pöttmeß wohnhaften seinem Vetter überließ.[1)]

1374 kaufte Hanns einen Hof zu Rheling vom Kloster St. Ulrich, den er bisher zu Baurecht besaß, für freieigen Gut, dagegen verkaufte er 2 Höfe zu Tulgen an Albrecht den Aindorfer, welche dieser wieder an das Kloster Niederschönenfeld verkaufte. Auch verzichtete er zu Gunsten Ulrichs des Glapfenbergers und Margaret dessen Hausfrau auf die Lehenherrlichkeit über die Holzmarch Varmach, welche der Glapfenberger von Conrad dem Sigmarshauser erkauft hatte.

Hanns v. Gumppenberg war 1381 bereits gestorben. Seine Frau war Margaret, Tochter des Ritters Bruno des Güßen von Leipheim. Sie war eine sorgsame Mutter, die ihren Kindern Hanns und Barbara das Erbe zu mehren suchte. Schon zu Lebzeiten ihres Mannes hatte sie mit ihrem eigenen Gute 1 Hof zu Rohrbach von Agnes der Tochter Veit Viehhausers um 35 Pfd. Pfennige erworben und 1381 kaufte sie vom Peter Gyßer dem Münzmeister zu München 3 Holzmarken und 1 Forstlehen zu Aulzhausen und 1384 mit ihrem Sohn einen Sitz und Sedlhof zu Rheling sammt einigen Hofstätten, auch die Vogtei über die Güter, welche dem Kloster St. Ulrich gehörten von Dietrich Griesbäcker und seiner Frau Ursel. Ihre Tochter Barbara stattete sie bei ihrer Vermählung mit Ritter Walter v. Hohenfels zu Juttingen mit 2000 Ungarischen Goldgulden aus. Hiefür verschrieb der Hohenfelser seiner Frau, da sie nur 1 Tochter Beatrix hatte, seine Veste Juttingen mit Zugehör.

Hanns II. v. Gumppenberg, des Hanns Sohn, war kaum der Vormundschaft entwachsen, als die Augsburger, die mit den bayerischen Herzogen in Fehde waren, am 17 März 1388 einen Ausfall machten, Scherneck und Rheling einnahmen und die Burg verbrannten. Hanns baute dieselbe 1388 wieder auf und stellte in ihr eine Kapelle zu Ehren des hl. Matthias und Georg her.

Hanns v. Gumppenberg erschien auch auf dem Landtage 1392 zu München, wo zwischen den Herzogen Stefan und Johann die Theilung von Oberbayern vorgenommen wurde, wobei Scherneck zum Ingolstädter Antheil kam. Indessen blieb Hanns doch der Münchner-

---

[1)] Urkunde vom Erchtag vor Jakobi 1268, worin als Tädinger erscheinen Ritter Seiz der Frauenberger zu Hag, Konrad der Stumpf zu Pöchel, Ulrich v. Holzheim, Eberhart der Graf, und Heinrich der Näbüller.

Herzoge Pfleger zu Heimhausen, und wurde 1414 Pfleger zu Friedberg. Er hatte großen Einfluß sowohl bei Herzog Stefan als auch bei Herzog Ludwig dem Bartigen, der ihn 1406 als Marschalken aufstellte. Als vorzüglichen Beweis landesherrlicher Gnade war es anzusehen, daß Herzog Stefan von Bayern das erledigte Erb-Landmarschallamt von Oberbayern auf ewiglich zunächst dem Hanns v. Gumppenberg und dann seinen Erben verlieh. Gegeben zu Aichach am Freitag nach St. Niklas 1411. Als Landmarschall war er der Vorstand der Landtagsversammlungen, leitete die Berathungen, war ständiges Mitglied des großen Ausschusses, sowie aller Deputationen, und hatte das Recht bei dem ersten feierlichen Eintritte eines Fürsten dessen Roß, Harnisch und Schwert für sich zu nehmen, dann hatte er als Besoldung 100 Pfund Pfennige aus der fürstl. Kammer. Hanns v. Gumppenberg war auch unter jenen Adelichen, die sich auf dem im Jänner 1420 zu Aichach gehaltenen Landtage von Herzog Ludwig aufgefordert in den Ritterbund aufnehmen ließen, den der niederbayerische Adel 1416 zum Schutze gegen Herzog Heinrichs Gewaltthaten unter seinem Hauptmanne Caspar Torringer abschloß. Auch war er auf dem Rittertage, der zu gleichem Zwecke im März 1420 zu Wasserburg abgehalten wurde. Bald kam es zum Kriege, der 2 Jahre lang Bayern verwüstete; Herzog Ludwig wurde nach Einnahme von Pasing geschlagen, Hanns wurde gefangen genommen, nach München geführt und am 5. Oktober entlassen. Zuletzt erschien er noch auf dem Landtage zu Augsburg, den die beiden Landschaften von München und Ingolstadt hielten. Hanns war auch bemüht seine Herrschaft Scherneck zu vergrößern, er kaufte zu derselben einzelne Höfe in der Nachbarschaft, als zu Allmaring 1 Hof 1391, 2 Höfe zu Apmerzhausen 1405 vom Kloster Fürstenfeld, 1414 wieder 1 Hof zu Allmering von Gebhart Fint Burger zu München, 1 Hof zu Pimbach laut Kaufbrief vom Mittwoch nach St. Mathias 1416 von Hanns Holzhelmer zu Paar, 1 Hof zu Tall bei Gundelsdorf am Erchtag vor Elisabet 1417 von Heinrich Griesstätter zu Kühbach, ein Gütlein zu Alsmoos am Erchtag vor Esto mihi 1418 von Conrad Niemandgroß, Kastner zu Aichach, 1415 kaufte er von Agnes der Weichenbergerin und ihren Kindern den Rittersitz Weichenberg, wozu das Präsentationsrecht auf die Pfarrei Alsmoos, die Löfflingerau im Lechfelde und 1 Hof zu Wolfskehl gehörten.

König Rupert gab am 15. August 1501 in Augsburg die Vogtei Gersthofen und Langweid jenseits des Leches als Reichslehen.

Hanns war seinen Unterthanen ein gütiger Herr, erließ 1408 seinen Leibeigenen gegen eine jährliche Leibsteuer zu 32 Pfd. Pfennige das sog. Hauptrecht, wonach bei jedem Todtfalle dem Herrn das beste Stück Vieh hatte abgeliefert werden müssen. Zugleich war er auch bedacht seinen Hintersaßen eine sichere Rechtspflege zu geben und erwirkte, daß Herzog Stefan 1413 wie Hund sagt, das Puch gen Scherneck und Röhling gelegt die das Haus und seine Erben in der Hofmark und den Gerichten die zu Rehling gehören und von Bayer zu Lehen gehen, nach des Buchs (Kaiser Ludwigs Rechtbuch) Sage richten sollten; also bayerisches Landrecht einführte zu Rheling und Scherneck.

Auch fromme Schankungen vollbrachte Hanns; so stiftete er 1418 mit seiner Frau Katharine in die Schloßkapelle Scherneck eine tägliche Messe, welche der Pfarrer zu Rehling durch einen eigenen Kaplan lesen zu lassen verpflichtet wurde, dann 3 feierliche Jahrtage in die Klöster der Prediger und mindern Brüder zu Augsburg und der Augustiner zu Lauingen. Die Dotation für die Stiftung in Scherneck bestand nach der Stiftungsurkunde, welche Hannsens Sohn, Conrad, am Donnerstag nach Allerheiligen 1451 hierüber nachträglich errichtete, und dem bischöfl. Confirmationsbriefe d. d. Augsburg 1452, in 2 Höfen zu Tall bei Gundelsdorf, in einem Hüblein und 3 Tagw. Wiesen zu Rehling, 2 Theilen des kleinen Zehents aus 16 Hofstätten zu Rheling, dem halben Kleinzehent zu Allmering, 2 Theilen des Kleinzehent zum Schloß Scherneck, im Nachlaß einer Vogtei-Reichniß von einem Sack Haber ½ Pfd. Pfenning, und wöchentlich eine Fuhr, welche bisher auf der Pfarrei lastete; auch sollte der Kaplan alle Freitage im Schloße verköstigt werden. Zugleich wurde die Kapelle mit Kelch, Büchern und sonstigen Paramenten versehen. Cardinal Peter Bischof von Augsburg verlieh der Pfarrkirche zu Rheling und der Schloßkapelle Scherneck, am 14. Mai 1451 besondere Abläße. Hanns v. Gumppenberg starb 1430. Seine 1. Frau war Aloisia Tethaimer, starb 1401 und liegt in Indersdorf begraben, wohin ein Hof zu Raperszell zu einem Jahrtag gestiftet wurde. Sie hatte 2 Söhne Kaspar und Wilhelm. Die II. Gemahlin war Catharina, Tochter des Conrad Preysinger von Wollnzach zu Rotteneck. 1412 gab ihr Hanns für 1000 ungar. Goldgulden eingebrachtes Heiratgut eine Verschreibung auf den Hof zu Hennenweidach und die 2 Mühlen an der Schutter, 2 Höfe zu Apmershausen, 1 Hof zu Hard, 2 Höfe und 1 Hube zu Almsmoos, den Zehent zu Allmering, 3 Höfe und 2 Mühlen zu Rehling und 1 Hof zu Rohrbach. Diesen Brief fertigten mit Hanns als Bürgen, Seitz Marschall, der Vicedom, Erwinger Marschall von Biberbach, Wieland Swelcher, Heinrich Gumppenberger Pfleger zu Eglofsheim und Jörg Gumppenberger seine Vettern, Hanns Marschall sein Tochtermann und Wilhelm sein eigener Sohn aus erster Ehe. — Von seiner II. Frau hatte Hanns 2 Söhne Konrad und Leonhart. Da die Preysing keine Brüder, sondern nur 2 Schwestern hatten, nämlich Margaret, vermählt mit Ortolf v. Layming u. Elisabeth vermählt mit Hanns v. Seyboldsdorf zu Schenkenau, so bekamen diese Schwestern auch v. erworbene Schloß Rotteneck im Gerichte Pfaffenhofen und bei der Theilung im J. 1413 übernahmen Katharina und Margaret dieses Schloß miteinander, während ihre damals ledige Schwester Elisabeth mit Geld abgefunden wurde. Später überließ Katharina, als Wittwe, da sie sich mit Heinrich v. Freyberg zu Ellingen vermählte, ihren Theil an Rotteneck ihren Söhnen. Allein der gemeinschaftliche Besitz gab Anlaß zu Streit und hatte für die Gumppenberge noch den Nachtheil, daß ihnen in dem Kriege der Herzoge Ludwig und Albrecht gegen Herzog Heinrich v. Landshut, dessen Partei die Layminger ergriffen, die Burg Rotteneck verbrannt wurde. Darum fanden Catharinens Söhne es für gut, ihren Theil an Rotteneck nach der Mutter Tod 1445 an Johann v. Sedlitz, Herzog Albrechts Hofmeister zu verkaufen, der zugleich Pfleger in Pfaffenhofen war, da dessen Tochter den Sigmund Layminger geheirathet hatte.

Außer den erwähnten 4 Söhnen hatte Hanns noch 6 Töchter: 1) Beatrix, vermählt mit Johann Marschall von Biberbach und dann 1450 mit dem reichen Truchsäßen Heinrich v. Höfingen. Sie starb am 18. Juli 1468 und liegt mit ihrem Marne im Kreuzgange des Domes zu Augsburg, wo noch ihr Grabstein zu sehen ist. 2) Elisabeth, heirathete 1426 den Ulrich Ebran von Wildenberg, der am St. Lorenzentag 1455 starb und in dem Ebran'schen Erbbegräbnisse zu Kloster Rohr begraben wurde. Eine Lampe für das ewige Licht zu Ebranshausen, auf welcher das Ebran'sche und Gumppenberg'sche Wappen angebracht ist, bewahrt deren Andenken.

3) Anna vermählt mit Hanns von Marlrain zu Altenburg, dann 1458 mit Hanns Stettner zu Altenbeuern, Pfleger zu Wald und Rentmeister zu Landshut. Ihr Grabstein ist im Kloster zu Reitenhaslach.

4) Hilaria, wurde Nonne im Kloster der Augustinerinen zu Unzkofen in Schwaben, † als Probstin 1491, 21. Febr.

5. u. 6. **Margaretha u. Barbara**, haben beide den Schleier genommen, Erstere im Kloster der Cisterzienserinen zu Seligenthal, die Zweite im Kloster Niederschönenfeld desselben Ordens, in welchem ihre Base Afra Abtißin war. Als nun Margareth in ihrem Kloster gleichfalls Abtißin wurde, rief sie ihre Schwester zu sich, die ihr auch in der Würde als Abtißin folgte.

Die beiden Söhne, welche Hanns aus erster Ehe hatte, starben vor dem Vater. Von Wilhelm, dem einen derselben, wissen wir, daß er 1411 mit Jörg Höll bei Gunzenhausen Paul den Weichser überfiel, wobei auch 2 Münchner Bürger Alhard Maßer und Hanns Paumgartner zu Schaden kamen, und daß hierüber sein Vater mit dem Rathe zu München wegen Entschädigung der beiden Bürger lange zu unterhandeln hatte. 1412 siegelte er am Johannistage zur Sunnwenden mit seinem Vater die Verschreibung für Heiratgut der Stiefmutter. Allem Anscheine nach starb er unverehlicht, vielleicht war er jener Gumppenberger, der zu Ende des XIV. Jahrhunderts Domherr in Freising war.

Der zweite Sohn Kaspar soll eine Adelheid v. Seckendorf zur Frau gehabt haben, deren Grabstein mit der Jahrzahl 1406 im Dome zu Eichstätt neben dem Grabstein zweier Seckendorffer sich befand. Kaspar starb 1410 und liegt im Kreuzgange zu Niederschönenfeld. Sein Sohn Thomas ließ sich von seinen Oheimen Conrad und Leonhart für sein Erbtheil abfinden, und wurde 1443 Pfleger zu Eckmühl und Leuzmannstein. Er vermählte sich mit Afra Rainerin v. Rain und erhielt durch sie die Hofmark Waging an der Laber, hierauf soll er eine v. Seibolsdorf geheirathet haben; starb aber kinderlos. Die Brüder Conrad und Leonhart, welche mit ihrem Neffen Thomas das beträchtliche Erbe ihres Vaters zu theilen hatten, schlossen mit demselben einen Vertrag 1410, in welchem sich Thomas für seinen Antheil an Scherneck und Rehling, mit dem lebenslänglichen Genuß eines ganzen und eines halben Hofes zu Rehling und Aulzhausen und mit einer Summe Geldes abfinden ließ, und besaßen sodann zu gleichen Hälften die väterlichen Güter. Allein sie waren nicht sehr sorgsam in Erhaltung des angeerbten Besitzes. Schon 1442 war Leonhart in solchen Geldverlegenheiten, daß ihm Herzog Ludwig der Jüngere einen großen silbernen Pokal zu 14½ Pfund in Form eines Schiffes mit 2 Löwen und dem bayr. Wappen geziert, mit der Erlaubniß ließ, denselben zur Bezahlung seiner Schulden zu versetzen, und als Leonhard 1447 starb, hatte er den Prennern zu Aichach eine jährliche Gilt zu 40 fl. aus seinem Antheile an Scherneck und Rheling verkauft, und war eben daran, diesen Antheil ganz an seine Schwester Elisabeth und ihren Mann Ulrich Ebener zu verkaufen. Sein Bruder Conrad, der ihn erbte, war selbst kein besserer Hauswirth und verkaufte um 1432 fl. diesen Antheil.

Leonhart und seine Frau, eine Auerin von Prennberg, wurden in Niederschönenfeld beerdigt, wo er mit seinem Bruder Kaspar einen gemeinschaftlichen Grabstein hat. Conrad scheint im Vertrauen bei Herzog Ludwig dem Bärtigen seinem Vater gefolgt zu sein; schon 1434 war er Rath im herzogl. Hofgerichte zu Neuburg, und als sein unglücklicher Herr in die Gefangenschaft seines Vetters des Herzogs Heinrich von Landshut gerieth, war Conrad in den Verhandlungen thätig, welche die Ingolstädter Landschaft mit ihrem Herrn über die Bedingungen seiner Befreiung pflog. Auch Herzog Heinrich vertraute ihm bald nach dem Tode des Herzogs Ludwig und der Besitznahme des Ingolstädters Oberlandes das Pflegamt Ingolstadt 1447 an, und 1450 treffen wir ihn wieder als Rath im oberländischen Hofgerichte zu Neuburg an, im Bezuge eines Jahresgehaltes von 150 fl. und auf dem Landtage zu Landshut 1461 wurde ihm durch den Tod seines Vetters Heinrich IV das Erblandmarschallamt verliehen. Diese Stellung hinderte ihn nicht, seinem Hange nach Abenteuern nachzugehen, welche hauptsächlich die Nürnberger Kaufleute zu erfahren hatten, weßhalb er 1442 in die Acht erklärt wurde, der er nur durch Ersatz des Schadens entging. Auch sonst hatte er viele Zwistigkeiten, vorzüglich mit seinem Schwager Ebran und dessen Söhnen, wozu der gemeinschaftliche Besitz von Scherneck den Anlaß gab. Schon 1455 wurden durch Beihilfe guter Freunde zahlreiche Beschwerdeartikel abgethan, die Erledigung beiderseits gemachter Gefangenen erwirkt, und zur Vermeidung künftiger Irrungen die Errichtung eines förmlichen Burgfriedens für das Schloß Scherneck verabredet des Inhalts, daß sie Wege, Stege, Brücken und alle Nothdurft beide gemeinsam bauen, ihren Theil des Schloßes mit Wächtern versehen, der Thorwart aber gemeinsam bleibe. Dieser Burgfriede kam aber erst nach dem Tode Ulrich Ebrans mit dessen Söhnen 1457 zu Stande. Aber auch hiedurch war nicht allen Streitigkeiten vorgebeugt, es waren beide Theile am St. Jakobstage 1463 übereingekommen, die neu entstandenen Streitigkeiten bis auf Michaelis mit dem Beirathe guter Freunde beizulegen, als Conrad gerade zur festgesetzten Zeit dem Hader ein Ende machte durch den Tod. Er wurde im Kloster Inbersdorf, wo er sich schon 1450 mit seiner Frau der dortigen Bruderschaft einverleiben ließ, beerdigt. Nun ging es, da Conrad kinderlos war, und mit ihm Heinrichs des Jüngern Nachkommenschaft im Mannsstamme erlosch, an die Theilung seiner Besitzungen. Die Allodien seiner Hälfte an Scherneck und Rheling, welche er 1447 durch Ankauf der Mühle zu Oberach vermehrt, dagegen durch den Verkauf von 5 Höfen zu Weichenberg an seine Schwiegermutter Sophie v. Westernach geb. v. Raming 1449, sowie der Zehenten zu Rheling, Allmering und Almsmoos, die er seinem Schwager Ebran überließ, durch die Verpfändung zweier Höfe zu Apmertshausen an seinen Vetter Erhart Gumppenberger, und durch Eignung eines alten lehenbaren Zehents zu Lambertshart an die von den Bürgern zu Aichach gestiftete Messe nicht unbeträchtlich verringert hatte, nahm seine Wittwe Dorothea geb. v. Westernach in Besitz, weil ihr dieselben für ihr eingebrachtes Gut von 2000 Gulden und ihre Morgengabe verschrieben, ja sogar dingliches Recht laut Gerichtsbrief vom Gericht Ainling vom Montag nach Lätare 1455 und kaiserl. Bestätigung darauf gegeben war. Die bayer. Lehen zu Scherneck wurden von Conrads Vettern Heinrich Gumppenberger zu Gumppenberg und Georg Gumppenberger zu Schmiechen in Anspruch genommen, und beide erlangten die Belehnung durch Herzog Ludwig 1465, überließen aber selbe 1465 an Heinrich Ebran. Ebenso fielen die seit der Theilung, die der alte Heinrich von Gumppenberg vorgenommen, bei Scherneck gebliebenen Activ-Lehen den Gumppenbergern zu Pöttmeß und Schmiechen zu, welche dieselben 1469 mit den übrigen Stammlehen vereinigten.

In gleicher Absicht wollten Heinrich v. Gumppenberg und seine Söhne auch die zu Scherneck gehörigen Leibeigenen beanspruchen, allein diese wurden durch Compromißspruch der herzoglichen Räthe zu Landshut vom St. Leonhartstage 1469 den Ebranen zuerkannt. Conrads Wittwe hatte den erlangten Besitz an den Schernecker Allodien nicht nur gegen die Ansprüche zu vertheidigen, welche Conrads Schwestern als Intestat-Erbinnen an dieselben machten, sondern war auch mit den Ebranern wegen Vollzug des Burgfriedens in Uneinigkeit gerathen. Sie ließ sich daher, nachdem sie sich indessen mit Ludwig v. Habsberg vermählt hatte, bestimmen, die Besitzungen zu Scherneck und Rebling einschlüssig der 1449 von ihrer Mutter erkauften und von dieser ihr zugefallenen Höfe zu Weichenberg und Almsmoos den Ebranern zu überlassen. Hiebei wurden auch die beiden Schwestern zufrieden gestellt. Nur einen der Höfe zu Almsmoos hatte Dorothea dem Kloster Indersdorf gegeben, um dort einen feierlichen Jahrtag zu stiften, der für ihren ersten Mann Conrad, seine und ihre Eltern, sie selbst und ihren zweiten Mann jährlich um Michaelis gehalten werden sollte. Dorothea starb 1489.

So ging Heinrichs des Jüngern Nachkommenschaft im Mannsstamm zu Ende, und Scherneck kam in den Besitz der Ebrane, von denen Hans der Aelteste Verfasser einer der ersten deutschen Chroniken von Bayern ist, Heinrich der Jüngste aber viele geschichtliche Nachrichten über Scherneck hinterließ.

Heinrich Ebran zu Scherneck, da sein Bruder Sebastian schon frühzeitig gestorben, sein anderer Bruder Hanns ihm, 1470, den andern Theil von Scherneck überließ, war nun alleiniger Herr von Scherneck. Er hatte schon 1464, von Herzog Ludwig dem Reichen das Gericht und Hofmark Rehling, die Vogtei Allmering und die herzoglichen Aenger im Aichacher und im Ainlinger Gericht am Montag nach Misericordiae 1478, laut Urkunde dd. Ingolstadt erhalten. 1478 erhielten Heinrich und Hanns die Ebrane päpstliche Confirmation über einige Zehenten und Besitzungen, die sie zu Allmannshofen erkauft hatten. Heinrich Ebran war auch herzoglicher Pfleger zu Schrobenhausen von 1492 — 95, Pfleger zu Rain und Ingolstadt, sein Bruder Hanns aber, 1479, herzoglicher Hofmeister zu Burghausen und Oberrichter zu Landshut. Heinrich Ebran' v. Wildenberg zu Scherneck, erhielt im Jahre 1503 am 22. August von dem Bischofe Ruprecht zu Regensburg, drei Viertel an dem Schloße Wildenberg im Rottenburger Gerichte und einen Zehent, das alles Hanns Ebran v. Wildenberg sel. Ritter inngehabt, und vom Bischofe zu Lehen erhalten hatte.

Heinrich Ebran war ein fleißiger Turnierer und wurde 'auch 1496 vom Herzog Georg von Bayern als Testaments-Executor verordnet; 1479, 2 Hornung, gab er Baurecht dem Hanns Prantmayer auf seine Mühle zu Niederach, bei Rhöling; den Revers siegelte Hanns Hinterskircher, zu Schönleiten. Heinrich Ebran, Ulrich Marschalk v. Biberbach, Georg Gundelshaimer und dessen Vater Sirt Gundelshelmer fertigten den Verzichtbrief der Verona v. Gumppenberg, vermählt mit Georg v. Gundelsheim 1466'.

1500, 2 Hornung. bekräftigte Sigmund v. Seyboldsdorf zu Ritterswörth, nachdem er zu vogtbaren Jahren gekommen, den Vertrag, welchen sein Ahnherr und Pfleger Heinrich Ebran v. Wildenberg, in seinem und seiner Geschwister Namen mit Georg Fraß, Pfleger zu Aibling und dessen Geschwisterten des mütterlichen Guts halber abgeschlossen hat. Siegelte mit ihm sein Stiefvater Wilhelm v. Munichau. Heinrich Ebran, Pfleger zu Ingolstadt, starb 1504 und liegt in der hl. Geistkapelle zu Kloster Rohr. Die Abbildung seines Grabsteins, worauf sein und seiner Frauen Wappen abgebildet sind,[1]) findet man im XVI. Band der Monumenta boica.

Heinrich hatte 3 Frauen, Veronica v. Ahaimb, Tochter des Erasmus v. Ahaimb, vermählt 1456. Von dieser hatte er 2 Töchter, 1) Margareth, vermählt mit Leonhart Seyboldsdorfer zu Rittersworth, dann vermählt mit Wilhelm v. Münichau Pfleger zu Kitzbüchel, 2) Ursula, vermählt mit Andreas von Weichs zu Weichs 1430.

II. Veronica v. Pienzenau, vermählt 1463. Sie war eine Tochter des Ulrich v. P. und erhielt 1000 fl. rheinisch in Gold sammt ehrbarer Fertigung. Heinrich gab ihr 1000 fl. Wiederlegung und verschreibt diese 2000 fl. auf gewisse Güter. Die Urkunde siegelte Hanns Ebran v. Wildenberg Heinrichs Bruder und sein Veter Georg Tannberger zu Aurolzmünster 1463, vor Unser l. Frauentag zu Lichtmeß.

Mit dieser Hausfrau verkaufte Heinrich dem Gotteshaus Indersdorf die Güter in der Hofmark Alsmoos, Ainlinger Gerichts 1468. Er hatte von ihr 3 Söhne, Ulrich, Hanns und Heinrich und 1 Tochter, welche Nonne im Kloster Seligenthal wurde und 1520 starb; eine zweite Tochter Dorothea war schon 1510 gestorben.

III. Anna v. Weißpriach war die Tochter des Niklas Weißpriach und dessen Gattin Siguna, geb. Frauenberger vom Hag; vermählt 1481. Nach Sigmund v. Herbersteins Aufzeichnung soll sie Walburga Scheller geheißen haben.

Von dieser Anna hatte Heinrich 1 Sohn Wolfgang und 3 Töchter Barbara, diese heirathete Wolfgang Körgl zu Süßbach, † 1564, Lucia ward Abtißin zu Niederschönenfeld, und Magdalena heirathete Wilhelm v. Tannberg.[2])

Ulrich war anfangs Domherr zu Freising, heirathete dann die Katharina Soyer v. Eisendorf, Tochter des Hanns Soyer und seiner Ehegattin Catharina, geb. Perghofer 1450, Wittwe des Dr. Wolf Baumgartner, dem sie 4 Töchter Hilaria, Brunhilde, Bertha und Sophia geboren hatte. Diesem Ulrich verlieh Johannes, Administrator des Bisthums Regensburg, zugleich als Lehenträger seines

---

1) Strölters genealog. Lerikon. Mscpt. III B.
2) Hund bayer. Stammbuch I. II. III. Theil.

Bruders Wolfgang, das Schloß Wildenberg, wie es vordem Heinrich ihr Bruder sel. inngehabt und ihm erblich zustand. Gegeben am Freitag nach St. Augustin 1533. Ulrich Ebran verkaufte auch dem deutschen Hause zu Blumenthal, und derzeit dem Ordens-Comthur Georg von Knöringen, 10 fl. Ewiggilt, was Wolfgang Hausner zu Rietheim Stadt- und Landrichter zu Friedberg besiegelte. Gegeben am St. Martinsabend, 10. Nov. 1241.

Ulrich Ebran † 1545, hinterließ 2 Söhne 1, Georg Ulrich uxor I. Susanna Schönpichler † 1555 und II. Alexandra Zeilhöfer, die als Wittwe den Franz Püsch zu Lauterbach heirathete. Jörg Ulrich † 1558 liegt zu Gaßelshausen.

Christof heirathete Maria Anna v. Frauenberg, Tochter des Anton Frauenberg zu Unterarnbach, die ihm 5 Söhne und eine Tochter gebar, Maria † 1570; darnach heirathete Christoph Ebran, die Tochter des Sebastian Lung, Pflegers zu Aichach, und dessen Gattin Clara, geb. Spaur aus Tyrol.

Hanns Ebran wird Teutschordensritter in Preußen. † 1549.

Heinrich Ebran heirathete Magdalena, des Anton Seibersdorfer Rentmeisters zu Burghausen Tochter, die ihm 2 Töchter gebar, 1) Amalia uxor Joachims v. Weichs, und Anna uxor Veit Lungens zu Attlhausen.

Wolfgang Ebran zu Scherneck war Anfangs am Würzburgischen Hof, wurde dann Hofmeister der Gemahlin Wilhelms von Bayern, 1530 Pfleger in Reichartshofen, 1545 — 1557 Pfleger in Rain, welche Stelle er altershalber seinem Eidam Moriz v. Rohrbach überließ, sich noch Aichach begab und 1570 dort starb.*)
1531 gab er die Mühle zu Oberach als Erbrecht dem Martin Prantmayr und seinem Weibe Dorothea 1549 1. Juni erhielt er auf Absterben seines Bruders Ullrich, herzogl. bayer. Raths, von Herzog Ludwig als Aeltester des Geschlechtes den Zehet bei Gammelsdorf. Gegeben Landshut Monntag nach Exaudi. Da Wolf Ebran den halben Weiher zu Appershausen besaß, so kaufte er auch die andere Hälfte von seinen Bruderskindern Christof und dessen Hausfrau Maria geb. Frauenberg, für welche Sebastian Lung siegelte. Gegeben Sonntag Exaudi 1575.

Wolfgang Ebran zu Scherneck hatte 3 Frauen I. Ludmilla Paumgarten v. Stubenberg, Tochter des Wolf Paumgarten. Ihr Sohn

---

1) Wochenblatt der Stadt Rain, Jahrgang 1846

Bertulf starb jung; ihre Tochter Katharina heirathete den Hanns David von Rußdorf und Cordula heirathete den Moritz von Rohrbach. Sie starb 1570, hinterließ 5 Söhne und 1 Tochter.

II. Margareth v. Adelsheim in Franken, vermählt 1537, 20 Decb. Sie hatte zuvor den Georg v. Gögritz aus Meißen, Jägermeister in Oberbayern, mit dem sie einen Sohn Wilhelm und eine Tochter Jakobe erzeugte, welche an Wilhelm Lösch fürstl. Hofmeister verheirathet wurde. Margareth Ebran † 1539 liegt in München begraben, ihre Tochter Margareth ehelichte den Franz von Tannhausen, dann Hanns Christof Praunberg zu Borau und starb 1570.

III. Ursula v. Rußdorf, Wittwe des Anton v. Seiboldsdorf jun. und dann des Alexander Nothaft zum Bodenstein. Ihre Tochter Maria Ebran heirathete 1568 den Hanns Christof v. Layming, die übrigen Söhne Reinhart und Simpert Ebran starben frühzeitig. Nach dem Tode des Wolfgang Ebran haben die 3 Tochtermänner ihren Antheil an Scherneck an Moritz v. Rohrbach, als den 4. Tochtermann überlassen, da er zugleich Miterbe war, ebenso ihren halben Antheil an Wildenberg an Christoph Ebran. Obgleich nun dieser meinte, daß ihm die bayer. Lehen Rehling und Scherneck, als dem Manns-Stamme folgen sollten, geschah doch zu München ein Vergleich, und wurde derselbe Theil den 5 Söhnen des Rohrbachers zu Theil, wie ihn Christof Ebran erhalten hatte, 1578 6. Februar. Schon 1514 hatten Wolf und Ulrich, Söhne des Heinrich von Ebran, am St. Blasientage die Hofmark Scherneck getheilt. Die Vormünder der 5 Söhne verkaufen ihren Antheil an Scherneck 1579 an Georg v. Gumppenberg und 1585 gelang es ihm, auch die andere Hälfte von Christof von Ebran käuflich an sich zu bringen. Bei der Theilung der väterlichen Güter erhielt Stefan v. Gumppenberg Scherneck. Er ließ die alte Veste Scherneck frisch umbauen, die Schloßkapelle im neuern Style herrichten und dotirte sie mit einigen Gütern zu Pachern.

Stefan war herzoglicher Rath bei der Regierung zu Straubing, vermählte sich 1574 mit Elisabeth, Tochter des Wiguleus v. Weichs zu Tasing und der Marschallin Euphrosyne v. Dornsperg, und hielt seine Hochzeit am 10. März zu Aichach. Er wurde auch herzoglicher Hofrath, und häufig zu Hof und zu Reisen berufen. Als der Herzog am 18. Sept. 1574 zu Neuburg zur Hochzeit seiner Muhme, der Herzogin Anna von Jülich und Cleve einzog, war Stefan im Ge-

folge desselben, ebenso beim feierlichen Einzug, welchen Kaiser Max II. im Sept. 1575 auf dem Reichstag zu Regensburg hielt.₁)
   1581 wurde ihm das Erbmarschallamt übertragen, dann wurde er des Herzogs heimlicher Rath, und nach einigen Jahren Oberst-stallmeister. Nebenbei hatte er noch manche andere wichtige Geschäfte zu besorgen, wie die Beilegung der Irrungen zwischen dem Domkapitel und der Stadt Augsburg, welche der Kaiser den Herzogen von Bayern und Wirtemberg übertragen hatte, diese aber, wieder durch ihre Subdelegirten erledigen ließen. Er erhielt 1590 eine Sendung nach Innsbruck, an den kaiserl. Hof nach Prag, auf den Reichstag nach Regensburg 1594, und 1595 nach Speyer, an den bischöflichen Hof nach Bamberg, 1596 nach Braunau, um dort wegen der Unruhen unter den österreichischen Bauern Vorsichtsmaßregeln zu treffen. Als Oberststallmeister hatte er 300 fl Gnadengehalt, den er jedoch verlor, als er 1595 das Pfleg- und Kastenamt Rain erhielt. 1598 wurde Stefan Obersthofmarschall und Kriegsrath. Ueberdieß wurde Stefan mit dem Kanzler v. Dornsperg in einzelne Landestheile abgeordnet, statt des neuen Herzogs die Huldigung einzunehmen. Da Stefan am Stein litt, so schickte ihm der Herzog einen Stein, den er zur Linderung der Schmerzen auf den Puls binden sollte; das Uebel nahm zu und 1604 am Pfingstabende starb er. Seinen Besitz zu Scherneck hatte er sehr vermehrt, so 1580 durch einen Hof zu Indersdorf, den er von Victor v. Seyboldsdorf kaufte, durch 6 Jauchart Wald zu Stotzhart, 1 Acker am Berg zu Griesbach, 1½ Tagwerk Wiesen in der obern Au, 3 Jauchart Acker und wieder 2 Aecker zu Ainling, 5 Tagw. Wald von Conrad Weigl zu Pinebach und das zur Pfarrei Rehling gehörige Wäldchen am Schloßberge; das Söldgut zu Rehling und den Schleiferacker zu Ainling. In seinem Testamente hatte er Scherneck seiner Frau vermacht. Nach Pöttmeß hatte er einen Jahrtag gestiftet und auf dem Lechfelde bei Scherneck eine Kapelle zu Ehren des heiligen Stefan und Elisabeth gebaut, auch auf der nahegelegenen Sägmühle ein Spital für arme Leute gebaut.
   Stefan starb zu Scherneck am 5. Juni, und hat in Pöttmeß sein Begräbniß und einen Grabstein. Er hinterließ 1 Sohn Paul Hartung und 3 Töchter. Anna Euphrosyne heirathete den Georg Christof v. Closen zu Gern, Regimentsrath zu Landshut; Anna Ursula

---

2) Die Beschreibung dieser Hochzeit s. Neuburger Wochenblatt Jahrgang 1822.

den Joh. Warmund Freiherrn v. Preyſing zu Moos, und M. Jakobe heirathete den pfalznenburgiſchen Pfleger zu Lauingen, Heinrich von Gravenegg.

Jede der 3 Töchter erhielt eine Aussteuer von 5000 fl. an Geld, deren Koſten bei der Preyſing ſich auf 3498 fl., bei der Gravenegg aber auf 1542 fl. belief.

Eliſabeth, Stefans Wittwe, lebte fortan in Scherneck und ſtarb dort am 19. Mai 1621. In ihrem Teſtamente vom 8. November 1618 ſtiftete ſie 2 Jahrtage in die Pfarrkirche zu Rehling und in das Kirchlein am Lechfeld, dann 2 Pfründen in das Spitalhäuschen daſelbſt, ferner vermachte ſie ihren beiden noch lebenden Töchtern Cloſen und Preyſing jeder 2500 fl., der Tochter ihrer ſchon verſtorbenen Tochter Gravenegg 2000 fl., jeder Tochter ihres verſtorbenen Sohnes 1000 fl., und Hanns Heinrich, der Sohn des Letztern, war ihr Erbe. —

Paul Hartung, Stefans einziger Sohn, kam als Edelknabe an den kaiſerl. Hof nach Prag und hielt ſich dort einige Zeit auf. Als er heimkam, wurde er herzogl. Rath und vermählte ſich mit Anna Maria, Tochter des Chriſtof Grafen v. Schwarzenberg und Hohenlendensberg zu Wieſenfelden.

Die Hochzeit wurde am 15. October 1600 zu Rain im Pfleghauſe gehalten und hatte da, als Abgeordneter des Herzogs Maximilians, der Oheim Heinrich den Brautleuten ein Trinkgeſchirr überreicht. 1604 übernahm er das Pflegamt Rain, und kaufte von Georg Ludwig Grafen von Schwarzenberg das Gut Wieſenfelden, im Gerichte Mitterfels, Rentamts Straubing. Ehe er aber dieſer neuen Beſitzung ſich erfreuen konnte, ſtarb er am 13. Mai 1613. Er hinterließ 3 Kinder, Johann Heinrich, Maria Johanna, die als Kind bald nach ihm ſtarb, und Renata.

Dieſen ihren Kindern kaufte die Wittwe 1615 Wieſenfelden um 25000 fl. ab, vermählte ſich dann 1618 mit Joh. Chriſtof v. Leublfing und nach deſſen Tode mit Heinrich Nothaft Grafen v. Nürnberg auf Kronheim und Runding. Indeſſen gab es manchen Zwiſt zwiſchen den Vormündern der Kinder, der Mutter und Großmutter. Es handelte ſich um die Erziehung Hanns Heinrichs, der zu Ingolſtadt ſtudirte und 1625 eine Reiſe nach Spanien machte. Nach ſeiner Rückkehr 1625 ſtarb Hanns Heinrich und mit ihm erloſch Stefans Linie zu Scherneck. Scherneck und ein Viertel an Pöttmeß kam an ſeine Schweſter Renata. Dieſe vermählte ſich 1626 mit Johann

Fuchs von Bimbach zu Möhren, pfalzneub. Rath¹), und verkaufte alle die vererbten Besitzungen ihrem Stiefvater Nothaft um 117,000 fl. Nothhaft vertauschte 1632 das Viertheil an Pöttmeß an Johann Bapt. v. Gumppenberg zu Pöttmeß und wohnte mit seiner Frau zu Scherneck. Hier befanden sie sich zur Zeit des ersten Einfalles der Schweden in Bayern 1632, und als sie vom Schloße die ersten Wachfeuer der Schweden bei Donauwörth sahen, machten sie sich nach Augsburg, schickten aber gleichzeitig einige Wägen nach Kloster Holzen, um dem dortigen Convente die Flucht zu erleichtern. M. Renata übernahm 1638 nach dem Tode ihrer Mutter abermals das Gut Scherneck um 80,000 fl. mit 35000 fl. Schulden belastet.

Der ausgebrochene dreißigjährige Krieg hatte auf Scherneck traurigen Einfluß ausgeübt. 1632 kamen die Bayern und Croaten nach Scherneck und verübten manchen Gräuel. Als sie erfuhren, daß sich schwedische Truppen in Biberbach aufhielten, setzten sie in der Stille über den Lech, brachen um Mitternacht in Biberbach ein, und nahmen sämmtliche Schweden gefangen, die sie theils niederhauten, theils an Bäumen aufhingen. War auch dießmal Scherneck von Zerstörung frei geblieben, so ging es in der Folge doch einem harten Schicksale entgegen.

Im nämlichen dreißigjährigen Kriege, im Jahre 1635, machte ein Theil der schwedischen Besatzung zu Augsburg einen Einfall nach Bayern. Die Landleute der Umgegend Schernecks hatten sich in das feste Schloß Scherneck geflüchtet und vertheidigten sich tapfer gegen die Feinde, viele Schweden kamen um, allein das Schloß konnte sich nicht länger mehr halten, wurde übergeben, geplündert und ebenso auch der Markt Aindling; von wo aus der Feind nach Aichach zog und dasselbe eroberte.

Die der Gant nahe gekommene Herrschaft Scherneck kaufte Graf Lodron nach dem kinderlosen Tode der Renata im Jahre 1642; verkaufte es jedoch an den Freiherrn Hanns Dominik v. Sandizell, worauf es endlich 1696 an den Hofkammerrath Joh. Senßer und dann an den Freiherrn Max Christof v Mayer kam. Dieser erwarb 1692 22. Jänner das Freiherrn-Diplom, war Kriegskanzleidirector, Pfleger zu Stadtamhof, und des Kurfürsten Max vertrautester Geschäftsmann in militärischen und politischen Angelegenheiten; er begleitete ihn auch, von 1683 an, auf allen Reisen und Feldzügen.

---

1) Fuchs trat in der Schloßkapelle zu Scherneck, 1629 von der lutherischen Religion zur katholischen Kirche zurück.

Nach Max Christof v. Mayer folgte sein Sohn Marcus Anton Freiherr v. Mayer, geb. zu München 27. Juli 1796. Von den Freiherrn v. Mayer erkaufte Schernec der k. Regierungspräsident Freiherr v. Tautphöus, und im Jahre 1824 der k. Finanzrath zu Augsburg, Lorenz Freiherr v. Schätzler, dessen Erben es noch besitzen.

1850 brannte am 27. Decb. Abends das Bräuhaus und Oekonomiegebäude, sowie der Dachstuhl des Schloßes ab, worauf 1851 das Schloß und die Oekonomiegebäude ganz neu aufgebaut wurden.

Rehling ist eine sehr alte Pfarrei, deren Errichtung unbekannt ist; sie zählt gegenwärtig 740 Seelen, katholischer Religion, und hat folgende Filialen:

1) Au, ein ehemaliger Pfarrort an der Aach mit 11 Häusern und 50 S. und eine dem hl. Bischof Nikolaus geweihten Kirche; wo das Domkapitel Augsburg den Kirchensatz hatte, solchen im XVII. Jahrhundert aber an sich zog, die Pfarrei in eine Filiale umwandelte und die Pastorirung derselben dem Pfarrer von Rehling, gegen eine jährliche Recognition überließ.

3) Schernec, Weiler mit 5 Häusern und 48 Seelen und einer den hl. Matthias und Georg geweihten Kapelle.

2) Unterach, Dörfchen von 20 Häusern und 90 Seelen mit der St. Wolfgangskirche.

4) Oberach 19 Häuser 80 Seelen. Harthof, Jägerhäusl, Sägmühle, Ziegelstadl, Wasserhaus, Wasenmeister, durchgehends Einöden, und zu Allmering 2 Häuser.

Die Pfarrkirche ist dem hl. Märtyrer Veit und der hl. Katharina geweiht, ein Gebäude neuerer Zeit. In ihr sind 2 Grabsteine, des Stefan v. Gumppenberg und eines Freiherrn v. Mayer. Conrad v. Gumppenberg stiftete am Donnerstage nach Allerheiligen 1430 eine Caplanei zur Beförderung der Seelsorge, und eine zweite stiftete Heinrich v. Ebran am Freitage nach dem neuen Jahre 1506. Das Patronatsrecht der Pfarrei gehörte stets der Gutsherrschaft.[1]

Zu Schernec geboren, den 25. Oktober 1733, war der Abt zu Thierhaupten Michael Schmid, erwählt 1771.

Codtenwies.

¼ Stunde vom Lech auf einer Anhöhe am Ausgange des Thales, das sich von Aindling her gegen den Lech ausmündet, liegt das zum

---

1) Braun: Beschreibung des Bisthums Augsburg 1823.

I. Landgerichts Aichach gehörige Pfarrdorf Todtenwies, mit 58 Häusern und 300 Seelen.

Der Ort hieß in ältesten Urkunden Tettenwizze, Teutwies, Toidweis, also Wiese des, um diese Zeit häufig erscheinenden Eigennamens Teut. Später bildete sich der Name Todtenwies, von einer in der Nähe gegen Thierhaupten abwärts gelegenen sog. Todtenwiese, von der man Folgendes erzählt: „Im Jahre 955 lagerten sich die Ungarn oberhalb Augsburg, Kaiser Otto mit seinem tapfern Heere bot ihnen die Schlacht an, der hl. Ulrich betete um den Sieg und zog selbst mit, in den heißen Kampf. Endlich mußten die wilden Horden erliegen, die Mehrzahl wurde niedergehauen, ein großer Theil ertrank im Leche, und der letzte Rest wurde von den wüthenden bayerischen Bauern, die Alles durch sie verloren hatten, 3 Stunden unterhalb Augsburg erschlagen. Der Ort, wo dieß geschah, heißt die Todtenwiese, woselbst nun das Pfarrdorf Todtenwies."

Todtenwies reicht als bestehende Ortschaft äußerst weit zurück. Schon im Jahre 1033 verlieh Kaiser Conrad II. dem Kloster St. Ulrich in Augsburg 1 Gut in Tettenwich, der Grafschaft Udalschalks des Grafen, das ihm von seiner Gemahlin der Kaiserin Kunigunde übergeben wurde. Gegeben am 26. Juni zu Mörseburg.[1])

Abt Friedebold von St. Ulrich und Afra in Augsburg, Beichtvater des Kaisers Heinrich und Kunigunde, erhielt für sein Kloster die Dörfer Rettenbach und Schönbach, die beiden Hollenbach und Mainbach, und von Kunigunde ihre Burg und das Dorf Toitenwizze zum Geschenk.[2])

1280 gibt Dietrich, Abt zu St. Ulrich und Afra, dem Ritter Bertold von Röchelingen eine Wiese zu Todenweis, Brohnanger genannt. Gegeb. Montag nach St. Nikolai zu Augsburg.

1311, 16. August, macht Berchtold v. Röchling eine Verordnung, wie es nach seinem Tode zwischen seiner Hausfrau Agathe und seinen Kindern soll gehalten werden, welcher nach einer ansehnlichen Getreidgabe, die Verleihung der 2 Pfründen an der Domkirche zu Freising und St. Andrä 30 Pfund Pfennige zum Ankauf eines Wohnhauses und des nach ihrem Tode an das Kloster St. Ulrich heimfälligen Vronanger in Taitwieß ausgesetzt werden. Gegeb. zu Freising.[3])

---

1) Placidus Braun, Geschichte des Klosters St. Ulrich und Afra in Augsburg.
2) Corbinian Khamm, Hierarchia August. II. 71.)
3) Bayer. Regesten I, S. 78 IV, 130, V, 202 VIII, 234 Mon. boic. XXII, 187

1334 kaufte Abt Conrad Winkler von St. Ulrich zu Taitenwies, wieder eine Hofstätte zum Kloster an.

1352 eignet Heinrich von Gumppenberg dem Kloster St. Ulrich die 3 Hofstätten zu Toidenwies, welche es vom Bertold dem Schmied zu Röhlingen gekauft hat, gegen 13 Jauchart Aecker in 2 Tagwerk Wiesmat zu Lampoltshatt. Gegeb. 2. Febr.

Die Pfarrkirche ist dem hl. Ulrich und Afra geweiht, hat 3 Altäre St. Ulrich und Afra, Mariens und St. Sebastian; sie ist ein Gebäude neuerer Zeit und sehr gefällig. —

Den Pfarrkirchensatz vergabte die Kaiserin Kunigund an das Kloster St. Afra in Augsburg und Kaiser Conrad II. hat diese Vergabung 1033 bestätigt. Die Gemeinde stiftete eine Frühmesse, wozu Heinrich von Ebran zu Scherneck 20 fl. schenkte, Bischof Friedrich II Graf v. Zollern bestätigte sie 1499; sie wurde aber ihrer geringen Einkünfte wegen mit der Pfarrei vereinigt.

Jetzt besitzt das Patronatrecht S. K. M Die Seelenanzahl beträgt 420.

Als Filialen gehören dazu: 1) der Weiler Sand und 2) Bach, welch letztere, noch nicht lange her, zu Aindling gehörte. ⅔ des Großzehents hatte S. Ulrich in Augsburg, ⅓ der Pfarrer. Vom Kleinzehent hatte der Pfarrer ⅓, der Pfarrer von Aindling ⅓, und ⅓ gehörte nach Edenhausen. Beide Filialen sind geschichtlich merkwürdige Punkte.

Sand

Südwestlich von Todtenwies liegt die Filiale Sand, mit 10 H. 50 Seelen in dem Thale, das gegen den Lech ausmündet. Bei demselben ist ein Feld, das man das Burgstallfeld nennt, und hiemit auf eine ehemalige Burg hinweist. Wirklich entdeckt das Auge eine steile Anhöhe, deren westlicher Saum steil über das Lechfeld sich erhebt, und gleich dem ganzen Höhenzuge bis Thierhaupten abwärts dicht bewaldet ist. Ist man auf dieser steilen Höhe angelangt, so steht man vor einem mächtigen Graben, jenseits welchem sich ein hoher Wall erhebt. Der Eingang zu dieser Verschanzung ist gegen Norden. Der Umfang der Burgstelle ist bedeutend, die Form gleicht einem Wecken dessen Spitzen, nach Nord und Süd steil abfallende von Natur aus gleichsam geschaffene Hornwerke bilden. Von der nördlichen Spitze lauft ein hoher Wall, mit einer Ausbiegung nach Osten zur südlichen, und zugleich, wie erwähnt, ein tiefer Graben, welcher bei der Mitte des Walles, die größte Tiefe und Steile hat, so daß sich bei Gewitter noch heutzutage viel Wasser darin sammelt. Die Westseite dieser Burgstelle hat keinen Wall; er wird hier, wie bei andern derartigen Verschanzungen, z. B. zu Königsbrunn bei Thierhaupten, am Römers- oder Kuchenberg zu Hüting, durch die natürliche Steile des Berges geschützt. Der Graben senkt sich jedoch mit seinen beiden Enden auch noch eine Strecke lang am Abhange des Berges herab. Der innere Raum dieser Befestigung ist Ackerland und besteht aus 2 Aeckern.

Von Außen ist der ganze Burgstall mit Buchengehölze umgeben, das auf der Ostseite jedoch nur eine schmale Einrahmung bildet, hinter welchem das Burgstallfeld beginnt. Die Umschau von dieser Burgstelle ist wahrhaft prachtvoll; von Mauerwerk ist nur niederes 2 bis 3' hohes Gemäuer, mit Moos bewachsen, vorhanden. Wem gehörte nun diese Burg? Ich muß gestehen, daß ich nur Sagenhaftes darüber zu berichten weiß, und dieß auch in Schöppner's Sagenbuch einrücken ließ. Hier sei nur noch erwähnt, daß das Volk behauptet, die Kaiserin Kunigunde habe die Burg bewohnt, und daß man vor einigen Jahren 2000 silberne Dickpfennige in einem Topf fand, von denen der historische Verein in Neuburg ein paar Exemplare besitzt. Das Volk nennt die Burg auch die Eselsburg, da ein Esel in hölzernen Kesseln das Wasser täglich in die Burg zu tragen hatte.

Westlich von Todtenwies ist eine waldige Anhöhe, deren Abhang Ackerland ist. Diese nennt man die Weinleite; besteigt man diese waldige Anhöhe, und schreitet über diese Aecker fort, so gelangt man zu einer tiefen Schlucht, welche ein noch höherer Hügel von dem vorigen scheidet. Auf diesem nördlichen Hügel befindet sich eine großartige Verschanzung, die in dem Steuerblatt als Römerschanze eingetragen ist. Diese großartige Verschanzung bildet ein längliches Ovale mit einem Längendurchschnitte von mehr als 100 Schritten und einem Breitedurchschnitte von 80 Schritten. Die Länge dehnt sich nach dem Zuge der Hügelkette von Süd nach Nord, der östliche Wall und Graben sind nicht sehr bedeutend, desto großartiger aber zeigt sich der westliche gegen den Abhang des Berges zu, der etwa 20—30 Schritte westlich davon abfällt. Mit diesem großen Walle (im Innern des umschlossenen Raumes) laufen 2 kleinere, etwa 10 Schritte von einander, parallel. Die nördliche abgerundete Spitze ist von einem Holzfahrwege durchschnitten. Auf derselben Seite laufen von der Verschanzung aus 2 geradlinige Wälle in die nicht sehr steil sich herabsenkende Waldgegend, deren Richtung und Beschaffenheit genaue Aufmerksamkeit verdient. Auf der entgegengesetzten, der südlichen Seite — ziehen ebenfalls 2 Wälle den steilen Abhang abwärts. Der von den Wällen eingeschlossene Raum, bedeutend größer, als die Burgstelle zu Sand, ist mit Bäumen und Gesträuch bewachsen, von hohem Nadelholz umgeben, was die sonst herrliche Aussicht und Fernsicht hemmt. Diese Waldung zwischen Todtenwies und der Filiale Bach heißt das „Caderla," ähnlich wie das Cadera-Hölzchen bei Affing.

Otto Pfalzgraf, comes jun. schenkte 1183 dem Kloster St. Ulrich u. Afra ein Gut zu Sand.

Im J. 1126 erscheint Sand in comitatu Dachau. (M. b. XXII).

Bei Sand stand noch vor wenigen Jahren ein Kreuzstein, worüber man in den Neuburger Collectaneenblättern, Jahrgang 1845, das Nähere finden kann.

Pach oder Bach.

¼ Stunde vom Lechfluß, ¼ St. von Todtenwies, tritt aus der Hügelkette, welche sich am linken Lechufer bis Rain abwärts zieht, rechts an der Mündung des Thales, das sich von Büchel her gegen den Lech ausmündet, ein hoher abgeplatteter kegelartiger Berg hervor, den man durch seine künstliche Ummallung sogleich als einen Burgstall erkennt. Da erhob sich auf der Spitze des Berges die uralte Ritterburg Pach oder Bach, während unten am Fuße des Berges thaleinwärts die zu Todtenwies gehörige Filiale Bach mit 10 Häusern und eine dem hl. Wolfgang geweihte Kapelle liegt. Diese Burg leitet ihren Namen wahrscheinlich von dem, aus Weiher- und Moosgräben entspringenden Bächlein, das den Weiler durchfließt und sich in den Lech ergießt, her, obschon sich oft Orte auf pach endigen, z. B. Rohrbach, im kgl. Landgericht Monheim, wo weit umher kein Bach zu treffen ist, wohl aber auf dieser Höhe heutzutage noch viel Röhricht sich vorfindet. Dieser Burgberg, zu dem sich ein eigenes Sträßchen aufwärts windet, ist jetzt mit hochhalmigem Grase und mit Föhren bewachsen. Etwa 20 Fuß, unterhalb der Platthöhe, welche in der Richtung von Ost nach West 76 Schritte im Durchmesser mißt, läuft um den ganzen Kegel ein starker Graben in einem Umfange von 376 Schritten. Auf der Südseite hängt der Kegel mit der von Süden herstreichenden Hügelkette zusammen, und hier war auch der Eingang, das Burgthor; die Breite des Grabens mißt 20'. Das Grundgemäuer ist aus Backsteinen, jedoch nur wenig mehr vorhanden, weßhalb man annehmen darf, daß die Burg größentheils nur von Holz gebaut war, obgleich die Einwohner von Bach wahrscheinlich viele Steine herunter geholt haben werden.[1]

Die Fernsicht, die man hier genießt, ist wahrhaft entzückend. Gegen Süden das Lechfeld aufwärts sieht man die alte Augusta, und noch weit darüber aufwärts verliert sich der Blick bis zu der Zugspitze, westlich sieht man die Höhen des Schmutterthales, die mit Burgstellen, Batzenhofen, Lützelburg, Biberbach, Blankenburg, Killenthal, Druisheim, Dornsberg, besetzt waren; nördlich entdeckt das Auge Donauwörth, den Spiegel der Donau, sowie das malerische linke Donauufer mit seinen bläulich herschimmernden Höhen, dem herrlich gelegenen Schefsstall bis zur Burg Graisbach abwärts.

Oestlich im Thale liegt das Schloß Büchel, man sieht Thurm und Kirche von Willprechtszell, Hohenried, den südlichen Rücken des dichtbewaldeten Poststeiges, den Hochwald, die Schranne genannt, und noch mehrere Höhenzüge. Im Steuerplan Nr. XIX, 21 ist dieser Burgstall unter dem Namen Schloßberg eingetragen. Die herrliche Aussicht an einem heitern Tage, die man hier genießt, ist ein köstlicher Genuß.

Von wem rührt diese Verschanzung her, welche gleich den 2 Verschanzungen bei Sand, 2 Thäler beherrschte? Man darf mit aller Wahrscheinlichkeit annehmen, daß hier die Römer einen Wartthurm mit Castell erbauten. Eine Untersuchung vermittels Aufgrabung dürfte dieß bestätigen. Sind auch nur mehr wenig Mauerwerk-Reste vorhanden, so darf man sich nur erinnern, daß die Signalthürme der Römer, gleich den ältesten Burgen häufig von Holz gebaut waren.

Auf diesen Trümmern römischer Größe siedelte sich ein edles Geschlecht an, das sich die Herrn von Pach nannte und in Urkunden, besonders des Klosters Thierhaupten häufig erscheint, da sie dieses Klosters Wohlthäter waren, und auch dort ihr Erbbegräbniß hatten.

So gab Gepa v. Pach, Gemahlin des Rüdiger von Pach 1142, goldene Gefäße, Teppiche u. s. w. an Thierhaupten. Sie starb nach dem Todten-Calender 22. April 1150. Ihre Tochter, gleichfalls Gepa von Pach, gab dem Kloster 2 mancipia und 1 Gut zu Mün-

---

[1] Die Häuser aus Stein zu bauen, wurde durch die Klöster eingeführt; die ältesten Häuser, auch Burgen, waren größtentheils von Holz gebaut.

chenloh. Sie starb 24. April und liegt im Kloster Thierhaupten im Kreuzgange.

1160 Hartnid v. Pach und dessen Gattin Luitgarde von Plankenburch sollen von ihrer Stammburg Pach nach Augsburg gezogen sein.

1240 Gebhart v. Pach, Ritter, Gattin Martha v. Biberbach.

1296 war ein Burkart von Bache Chorherr zu Augsburg (Bayr. Regest. IV. S. 564)

1295 erscheint ein Dominus Pilgram de Bache als Zeuge in einer Verzichtsurkunde Margaretens, Gräfin v. Hohenberch, Gattin des Markgrafen Heinrich v. Burgau, über die Güter der Burg Hasperg (v. Raiser Beyträge für Kunst und Alterthum 1837. S. 77.)

1300 Symprecht v. Pach, uxor Cleusina v. Schönleiten. Kinder: Ulrich, Burkart und Agnes, vermählt mit Herrmann v. Holzheim 1334.

1334. Ulrich v. Bach, Ritter, verkauft an's Kloster Kaisheim seine Aecker zu Gleheim, die ihm in der Theilung mit seinem Bruder Burkart anfielen, und die er von dem Grafen Ulrich v. Helfenstein zu Lehen trug um 111 Pfd. Häller. Bürge sein Schwager Hermann v. Holzheim. (B. Reg. VII 1107, 77.) 1335 Burkart v. Bach, Ritter, verbindet sich gegen Bischof Ulrich von Augsburg, nicht mehr zu Vogtrecht zu nehmen, als wie viel er ihn heiße zu nehmen. 1343 ist er Bürge für Heinrich v. Chnöringen, mit Burkart v. Ellerbach und Eberhart v. Chnöringen. 1345 Karl der Bach, Bürger zu Augsburg, Burkarts Sohn, ist Zeuge, desgleichen am 1. Febr. 1351 (B. Regesten VII, 107, 356, VIII, 49, 63, 306.)

1346 Hartmann der Bär, Bürger zu Augsburg, verkauft alle seine Zehenten bei Dilingen, von denen der Eine dem Herrn Burkart v. Bach Ritterlehen war, dazu sein Haus und seine Hofsach, die er gekauft hatte von Burkart v. Pach, an seinen Oheim Liutfried Bürger von Augsburg um 684 Pfd. Häller (M. b. coll. nov. VI S. 125). Dieser Burkart v. Pach hatte einen Sohn Ulrich, der 1356 mit ihm erwähnt wird, (Oefele II B. S. 298) und einen Sohn Conrad und einen dritten Sohn Wilhelm. Dieser Wilhelm von Pach erscheint 1380. Claura Ehewirthin, Tochter des Ritters Otto von Hörningen erklärt 1382, daß ihr Mann die Vogtei über den Mayerhof zu Altham bei Dilingen an das Domkapitel zu Augsburg um 205 ungar. und böhaim. Gulden mit ihrer Einwilligung verkauft habe. Mitstegler ihr Vater Otto u. Heinrich Kraft, Bürger zu Ulm. Gegeben am Monbtag St. Peter u. Paulstag mit 3 E. (Bayr. Regesten X, 95.) 1388 verspricht Herzog Stefan zu Bayern dem Bischofe Burkart von Augsburg die 50 fl., welche derselbe seinem Diener Wilhelm v. Pach geliehen hat, bis kommenden Martinstag zu bezahlen (B. Regest. VII, 226).

1419 ist Ulrich v. Bach, Burkarts Sohn † 1443, Zeuge in einer Urkunde (M. b. XXII, S. 432). Ulrichs Ehewirthin war Bertilia v. Chillenthal, ihr Sohn Wilhelm heirathete Radegunde v. Wembing u. hatten einen Sohn Wilhelm v. Pach, der 1426 erscheint. Ein anderer Sohn Ulrichs war Burkart v. Pach, Pfleger zu Gunbelfingen 1436, (v. Lang Geschichte Ludwigs des Gebarteten) Ein dritter Sohn Ulrichs war Georg v. Pach.

1444 erkennt Bischof Peter von Augsburg zu Recht in den Irrungen um seines Gotteshauses Erbtruchsäßenamt zwischen Engelhart Marschalken v. Dornsperg und Georg v. Pach, Ulrichs v. Pach sel. Sohn, daß vor Zeiten die Truchsäßen v. Chilinthal das Truchsäßenamt vom Stift zu Augsburg zu Lehen gehabt bis zu ihrem Tod. Diese Truchsäßen waren der Marschalken v. Dornsperg nächste Freundt, u. gleich ihnen gewappnet, vom Schild u. Helm, nach dem Tode der Truchsäßen seyen die Lehen und das Truchsäßenamt an die Marschalken gefallen und so von dem Einen und den Andern jetzt an Engelhart Marschalk gekommen. Daran irre ihn jetzt Georg v. Pach. Dieser entgegnete, das fragliche Amt habe schon sein Aehnlin Conrad v. Pach u. sein Vater Ulrich bis zu ihrem Tode ohne Einsprache besessen, er sei ihr rechter und natürlicher Erbe. Es wurde auf Beweis erkannt.

Ob die Herrn von Pach im Besitze von Bach geblieben, u. wie lange, ist unbekannt. Schon um 1160 erscheinen die Herrn v. Stumpf als Besitzer von Bach und schrieben sich davon; vielleicht erlangten sie diesen Besitz durch Heirat. 1435 verkauft Leonhart Stumpf zu Pach u. Büchel, zu Unf. Frauen Pfarr zu Ingolstadt den Burgstall Pach mit Fischwaßer, Zehent, Holzmarken u. s. w., wovon ihm jährlich 25 Pfund Pfennige Zins zu reichen war. Nach seinem Tode sollte dieses Reichniß aufhören. Herzog Ludwig von Landshut gab diese Stiftung der hohen Schule zu Ingolstadt, und laut der Landtafel unter Herzog Max wird die Universität Ingolstadt als Besitzerin dieser Hofmark aufgeführt. 1689 brannte der ganze Weiler Bach ab, die Burg ward 1397 von den Augsburgern zerstört und nicht wieder aufgebaut.

Willprechtszell.

Auf einer ziemlichen Anhöhe, 2 Stunden östlich vom Lechflusse erhebt sich das Pfarrdorf Willprechtszell oder Willperszell, im Volksmunde Willperszell genannt. Gegen Süden und Norden gränzt es an Nadelwaldungen, gegen Osten und Westen breitet sich eine hübsche Fernsicht aus. Die Landstraße von Aichach nach Donauwörth zieht unterhalb des Dorfes vorüber. Willprechtszell selbst zählt nur 12 Häuser und 80 Seelen, enthält die gefällige Pfarrkirche zu Maria Verkündigung, sowie den Pfarrhof und die Schule. Mit den Filialen Hohenried, Achsbrunn und Schönleiten macht Willprechtszell eine Pfarrei mit 80 Häusern und 453 Seelen kath. Religion aus.

Willprechtszell ist ein alter Ort, die Celle des Willprecht oder Willpert, allein dessen Entstehung ist unbekannt. Der dem Kloster Thierhaupten vermachte Kirchensatz wurde demselben von dem Bischofe Marquart v. Randegg den 15. Mai 1363 einverleibt.[1]

Das Patronatsrecht besitzt jetzt S. K. Majestät von Bayern. Nach der Moderna ecclesia August. vom J. 1762 betrug die Seelenzahl der Pfarrei 335.

Als Filialen der Pfarrei sind zu erwähnen:

1) Hohenried, ¼ St. südöstlich von Willprechtszell auf einer nicht unbedeutenden Anhöhe gelegen. Der Ort gehört zum k. Landgerichte Aichach, zählt 15 Häuser und 81 Seelen.

Die Kirche, die mit ihrem Sattelthurme weithin sichtbar ist, ist dem hl. Georg geweiht, und nach alter Sitte vom Gottesacker umgeben. Es wird darin alternative mit Willprechtszell Gottesdienst abgehalten an Sonntagen, ebenso zu Weihnachten, Dreikönig und Pfingsten. Hohenried hatte früher einen eigenen Pfarrer, die Lehenschaft der Pfarrei schenkte Herzog Stefan den 24. Sept. 1393 nebst Grelmoltshausen dem Kloster Thierhaupten.

2) Achsbrunn, jetzt gewöhnlich Arbrunn genannt, liegt ¼ St. nördlich von Willprechtszell, an der Landstraße von Aichach nach Donauwörth, im Thale. Es zählt 12 Häuser und 72 Seelen, und besitzt weder Kirche noch Kapelle. Dieser Ort wurde erst 1851 aus der Pfarrei Gundelsdorf in die Pfarrei Willprechtszell eingepfarrt, und besaß früher seinen eigenen Adel; die Herren v. Achsbrunn waren Kloster Thierhauptensche Dienstleute, erloschen jedoch bald, indem sie in den Bauernstand zurücktraten.

---

1) Mon. boic. XV. 118.

Schönleiten.

Ist ein zur Pfarrei Willprechtszell gehöriges Dorf von 41 Häusern und 221 Seelen im k. Landgerichte Aichach. Der Ort hat seinen Namen von dem schöngelegenen Abhange, an dem er sich im Halbkreise anlehnt, die Leite genannt, wie überhaupt Bergabhang = Leite ist. Außerhalb des Ortes befindet sich eine 1840 erbaute Kapelle zur schmerzhaften Mutter Gottes. Schon in früher Zeit befand sich hier ein edles Geschlecht, das sich vom Dorfe nannte. Als der Erste dieses ritterlichen Geschlechtes ist uns Rudbod v. Sconenleiten, uxor Hilaria v. Schweinspeunt 1130, bekannt.

1168 gab Eberhart, Bischof von Bamberg, die Villa Sconenleiten, die ihm von seinem getreuen Otto v. Schönleiten überlassen worden, dem Kloster St. Jakob in Inderstorf. Als Zeugen erscheinen Otto der Große, Pfalzgraf v. Wittelinspach, Perchtold, Markgraf von Voheburg.[1])

1200 erscheint Ulrich v. Schönenleiten und dessen Gattin Bertilia.

1250 Eberhart v. Schönleiten und dessen Söhne Walter, Willibald und Rufus.

1290 Wolfgang v. Schönleiten, Ritter.

1326 erscheint des Vorstehenden Sohn, Wolfgang v. Schönleiten (M. b. XXXVI); er hatte bei seinem Tode 1357 2 Töchter hinterlassen, Margaret und Catharina von Schönleiten, welchen der Markgraf Ludwig v. Brandenburg die Veste Wolfseck zu Lehen gab. Seine Gattin soll Agnes v. Wolfseck gewesen sein. 1336 war Catharina die Schönleitin Klosterfrau in Monheim (Oberbayer. Archiv III, 224).

1361 schenkt Seyfried von Schönleiten dem Kloster Thierhaupten 1 Wiese zu Paar.

1369 ist in einem Diplome des Klosters Scheiern ein Hanns v. Schönleiten aufgeführt; er kommt auch schon 1384 vor.

1400, Anselm v. Schönleiten hatte eine Tochter Margaret, die den Martin Hinterskircher heirathete und ihm Schönleiten zubrachte; und so kam Schönleiten an die Hinterskircher, die ihren Namen von Hinterskirchen herleiten, einem Dorfe bei Lern, in der Herrschaft Neuen = Frauenhofen, und im Wappen 2 gegeneinander springende Hahnen führten.

Als der Erste der Hinterskircher zu Schönleiten erscheint, wie

---

1) Bayer. Regesten II, S. 264. XIII. S. 149. M. b. V. I. XXXVI.

erwähnt, Martin Hinterskircher, dessen Gattin Margaret v. Schönleiten war. Martin Hinterskircher erkaufte 1419 den Weiler Moos bei Straß von Wilhelm Greuter zu Straß, verkaufte jedoch 1441 denselben wieder an Lunetta v. Freyberg zu ihrer gestifteten Messe in Neuburg. Mitsiegler sein Bruder Thomas, Jägermeister Herzogs Ludwig zu Neuburg, (Bayer. Regesten XIII, S. 149). Martin Hinterskircher starb 1450 VII Non. Nov., uud liegt mit seiner Gemahlin im Kloster Thierhaupten begraben, wohin er eine ewige Messe gestiftet hatte.[1])

Thomas Hinterskircher, des Martin älterer Bruder, starb zu Neuburg 1447; er war 1405 Zeuge in einer Urkunde, als Johann Tollner, oberster Schreiber Herzogs Ludwig, das Gut Kaltenek bei Münster, Ldg. Rain, an seinen Herrn, Herzog Ludwig verkaufte.

Hanns Hinterskirchner zu Schönleiten war 1422 Zollner zu Braunau, wahrscheinlich ein Sohn des Martin Hinterskircher. Hanns hatte zur Gemahlin Magdalena Kirchheimer von Walda, und starb 1463. Schon 1456 hatte er zum Kloster Thierhaupten nebst seiner Hausfrau 18 Pfund Pfennige aus dem Oberhof zu Schönleiten geschafft, damit der Abt jährlich zu Ehren der Mutter Gottes ihm ein Amt an jedem Samstage abhalte; ebenso stiftete er für sich und seine Gemahlin einen Jahrtag dahin.

Martin Hinterskircher, Sohn des Hanns Hinterskircher, stiftete nach Thierhaupten einen Jahrtag für sich, am 7. November abzuhalten; überdies stiftete er 1432 eine tägliche Messe, am St. Sebastiansaltare zu lesen, und gab dazu 1 Hof zu Pinnenbach, 3 Höfe zu Gebenhofen und den Zehent von 12 Aeckern in der Dornfurt.

Hanns Narciß Hinterskircher zu Schönleiten, ein Sohn des Vorstehenden, erscheint 1486 und 1493.

Joachim und Leonhart die Hinterskircher zu Schönleiten, Gebrüder. Leonhart war Jägermeister 1496, beide sind Zeugen in einer Urkunde des Klosters Chiemsee 1321 (M. b. V. 410). Joachim Hinterskircher zu Schönleiten starb VI. Cal. Jul. und liegt in Thierhaupten, nach des Klosters Todtenkalender, begraben

1518 starb Rosina Hinterskircher, geb. Scharrer von Scharn, kinderlos, sie war die Gemahlin des Leonhart Hinterskircher.

Wolfgang Hinterskircher zu Schönleiten, 1500; er kauft Sulzemoos von den Kindern seiner Schwester Anna, welche den Arsatius Abensdorfer 1500 geheirathet hatte.

---

1) Neuburger Collectaneenblatt Jahrgang 1857.

Wolfgang Hinterskircher hatte einen Sohn Sigmund, und eine Tochter Margareth,¹) diese heirathete den Hanns Christoph Pöll zu Kunstein; ihre Schwester Eulalia Hinterskircher war Nonne zu Niederschönenfeld 1500.

1537 Leonhart Hinterskircher zu Schönleiten, Landsaß und Pfleger zu Aichach.

1562 war obiger Sigmund Hinterskircher Pfleger zu Geisenhausen, später zu Ratzenhofen. Er war verehelicht mit Anna, Tochter des Jobst Muffel; kaufte den Burgstall Hinterskirchen als seine Stammburg wieder an, verkaufte Sulzemoos wieder. Seine I. Gemahlin war Sabina Reisacher, Tochter des Theoderich Reisacher † 1517, Pfalzgraf Ruperts Präceptor. Sabina lebte noch 1538.

1567 verglich sich das Kloster Thierhaupten mit Martin Hinterskircher zu Schönleiten, wegen einiger Aecker, welchen Vergleich auch Joachim Hinterskircher unterzeichnete.

Hanns Dietrich Hinterskircher zu Ober-Fislern war salzburg. Kastner zu Mühldorf 1569. Seine Gemahlin war Elsbeth Steinhauser, mit der er eine Tochter Sophia erzeugte.

Sabina Hinterskircher, Gemahlin des Jörg v. Leoprechting, war Sigmund Hinterskirchers Tochter.

Balduin Hinterskircher von Schönleiten kam 1600 im Kriege ums Leben.

Die Hinterskircher hatten ihr Begräbniß theils in Thierhaupten, theils in der nahen Kirche zu Hohenried, woselbst 2 Grabsteine derselben sind v. J. 1557.

Von den Hinterskirchern kam Schönleiten an die v. Freytag.

1599 ist Michael Ernst v. Freytag zu Schönleiten, des Carl v. Freitag Sohn, Gutsbesitzer. Seine Gemahlin war Anna Maria v. Roßau † 1619. v. Freytag war Hofmeister Jörgs v. Leuchtenberg zu Pfreimt und siegelte eine Verkaufs-Urkunde 1618.

Dorothea v. Abeltshausen nahm zuerst den N. v. Freitag zu Schönleiten, sodann den Hanns Stingelheimer zur Ehe.

Josua v. Freytag war 1629 in einem kurbayerischen Reiterregimente Cornet.

Schorn.

Schorn oder Shorn, ist ein katholisches Pfarrdorf mit 33 Häu-

---

1) Geschichte des Marktes Wellheim 1857. Jahresbericht des histor. Vereins von Mittelfranken.

fern und 170 Seelen, liegt im kgl. Landgerichte Rain, in Oberbayern, im Bisthume Augsburg, und hatte im J. 1746 nach dem Berichte des Richters Joh. Thaddä Dünzenberger 20 Häuser, wovon 1 in Rauch aufging während des Krieges. Mit den ¼ Stunde entfernten Höfen Amberg und Pleizhof macht Schorn eine politische Gemeinde und Pfarrei aus. Der Ort, ¼ Stunde nördlich von dem Markte Pöttmeß entfernt, und einige Schritte von der Augsburg-Neuburger-Landstraße, lag noch im ehemaligen Augsburger Gau, hat ein im neuen Style erbautes Schloß, eine Pfarrkirche, und wenn auch kein belebtes, doch ein gefälliges Innere. Ueberraschend ist vom Schlosse aus die liebliche Aussicht gegen Norden und Osten. Ueber das lange einförmige Donaumoos zeigen sich die grauen Thürme der Kirchen Ingolstadts und freundlich blicken die hellen Thürme Neuburgs herauf. In Osten und Westen machen die nachbarlichen Höhen mit Waldungen oder Kirchen mannigfaltig geschmückt ein liebliches Gemälde aus.[1]

Seinen Namen hat Schorn schon im grauen Alterthume erhalten von dem altdeutschen Worte Scara = Scharre, also ein mit der Pflugscharre ausgereuteter Ort; wie denn auch das altadeliche Geschlecht der Herren v. Schorn eine blaue Pflugscharre im weißen Felde als Wappen führten, und auch in der Nähe ein Schornreut besteht.

Das Schloß. Das älteste Schloß der Scharrer lag auf der Anhöhe, nahe der Augsburg-Neuburger Landstraße, wo noch die Verschanzungen sichtbar sind, und woselbst man eine köstliche Fernsicht genießt, westlich vom Dorfe. Im bayerischen Kriege 1443 wurde die alte Stammburg Schorn zerstört, und von Mang Scharrer ein neues Schloß aufgebaut auf einem sanften Hügel östlich am Dorfe. Aber auch dieses Schloß fand im dreißigjährigen Kriege seine Zerstörung, worauf abermals ein neues Schloß gebaut wurde, das man in Wening's Topographie von Bayern I. Theil 1704, abgebildet findet; dasselbe hatte zwei dicke runde Eckthürme mit großen Rundkuppeln bedeckt. Auch dieses wurde in der Folge gänzlich umgebaut. Es enthält mehrere hübsche Zimmer, einen geräumigen Speisesaal und eine breite Treppe. Unter den frühern Besitzern fand sich eine alterthümlich geschmückte reiche Schloßkapelle darin, die jetzt nicht mehr vorhanden ist. Gegen Nordost befindet sich ein großer

---

[1] Siehe die Monographie Schorn im Wochenblatte der Stadt Rain c. 1853, vom Verfasser gegenwärtiger Ortsbeschreibung.

Baum- und Wurzgarten, während die geräumigen Oekonomiegebäude gegen Süden sich ausbreiten. Das ganze ist theils mit einer niedern Mauer, theils mit einem Heckenzaune eingefriedigt.

II. **Bürgerliche Geschichte.** Die Nachrichten über die Entstehung des Schlosses und des Dorfes Schorn verlieren sich in das Dunkel der Vorzeit. Jedenfalls ist Schorn sehr alt; denn schon 1299 bestätigte Kaiser Albrecht I. die Rechte der Abtei St. Mang in Füßen und verlieh diesem Kloster Mayerhöfe zu Schorn und Aichach. Schorn gehörte also dem Kloster St. Mang in Füßen, was auch Wiguleus Hund in seinem bayer. Stammbuche mit den Worten bestätigt: „Schorn ist des Abts von Füßen gewesen." Durch besonderes Vertrauen des Kaisers erhielt Heinrich v. Gumppenberg 1339 vom Kloster St. Mang die Vogtei für sich und seine Nachkommen. Aber auch das Kloster Fürstenfeld hatte in Schorn Besitzthum, wie in Ochsenheim (Erheim) und Wiesenbach. Diese Besitzungen waren ¼ Hof zu Wiesenbach, der Mantlachhof, Groß- und Kleinzehent und die Weide zu Erheim, 3 Vogteien und die Wiesen im Moos zu Schorn, etliche Mäh- und Holzhack-Tage, welche der Michl v. Schorn dient, und 6 Hühner vom Schatzgut; welchen Besitz 1490 Fürstenfeld an Magdalena Gumppenberg um 570 fl. verkaufte. —

Schorn hatte seinen eigenen Adel, der sich vom Dorfe nannte, und zum Dienstadel des Klosters Fürstenfeld gehörte. Später kamen diese Schorer so empor, daß sie um 1450 vom Kloster St. Mang Schorn und alle dazu gehörigen Besitzungen kauften, und sich als ein achtbares altadeliches Geschlecht Jahrhunderte lang in Ansehen und Würde erhielten. Dies besagt auch Wiguleus Hund mit den Worten: die Schorer hatten ihr Herkommen und Namen von dem Orte selbst, sind bei den Gumppenbergen aufgekommen und haben sogar zu ihnen geheirathet.

Schon 1291 erschienen sie als Leibeigene des Klosters Fürstenfeld, und ist der ersturkundlich bekannte, Heinrich der Schorar. (Henricus dictus Schorar ecclesiae in Fürstenfeld obnoxius. Bayer. Regesten IV. Bd. S. 500). Dieser Heinrich hatte als Ehewirthin Walburga, des Reinbot v. Millenhart Tochter. Er starb 1330 und soll im Kloster Fürstenfeld begraben worden sein.

Sein Sohn Heinrich Schorer zu Schorn erscheint 1340, heira-

---

1) v. **Kaiser Wappen der Städte des Oberdonaukreises. S. 91.**

thete Walter Wallers zu Berchtoldsheim Tochter. Hanns und Mang dessen Söhne.

Maug Schorer zu Schorn, dessen Hausfrau Agnes, Tochtes des Hanns Kirchhammers zu Affing, starb 1380. Hinterließ Anselm, Hanns und Eva.[1]

Anselm Schorer zu Schorn, Irmelgarde seine Hausfrau, starb 1421 und hinterließ die Söhne Mang, Ulrich, Hanns, Wilhelm und Michael, sowie 2 Töchter Benigna und Hilaria.

Michael Schorer zu Schorn, hatte sich mit Corona, Tochter des Hanns Walters des Aunpäcken, Vogts zu Kipfenberg, und dessen Hausfrau Gunthild v. Pfahlspeunt, verheirathet,[2] später mit einer Erntraud N. Beide, Michael und Erntraud, starben 1534 und liegen in Schorn begraben, woselbst ihr gemeinsamer Grabstein.

Als Kinder erscheinen Anna, welche dem Ritter Hanns Georg v. Gumppenberg (geb. 1490, † 1565 zu Braunau bei seinem Sohn dem Pfleger Hanns Gumppenberg daselbst) vermählt wurde und ihm als Heiratgut 1 Hof und Gut zu Oberärnhofen zubrachte. 2) Hanns der Scharer zu Scharn. 3) Michael Scharer zu Scharn.

Hanns Scharrer war 1462 Bürger zu Aichach und 1464 Landrichter daselbst, seine Gemahlin war Barbara. 1474 siegelte Hanns Schorrer den Kaufbrief, wonach Stefan Strobl und seine Gemahlin Dorothea ihren Baumgarten und Hofraite an die Aebtissin Barbara Hufnagel zu Kühbach um 43 fl. und 3 Schilling Pfen. verkauften. Gegeben Erchtag nach Lichtmeß. (Oberbayer. Archiv 8 Band S. 393).

---

1) Ströller's genealogisches Lexikon. III. Band. №.
2) Die altadelige Familie der Aunpacher, Aunpäcken, Ambacher, schrieben sich von ihrer Stammburg Aunpach, jetzt Ambach bei Neuburg a/D.; auf dem Burgstalle steht jetzt die Pfarrkirche. Als 1330 die Burg Aunpach zerstört wurde, ließ sich Siegfried der Aunpekhe zu Seibolsdorf nieder und baute sich daselbst ein Schloß. Urkundlich erwähnt sind: 1200 Eysfried v. Awnpach. 1213 dessen Sohn, der edl und vest Hagen v. Awnpach, gab dem Kloster Thierhaupten ½ Hube in Thierstein. 1250 Ruprecht v. Awnpach uxor Hildegarde Unterorser. 1299 Bertulf der Aunpälch zu Awnpach. 1303 Ernst der Aunpreche zu Awnpach. 1333 Siegfried der Aunpäd von Seibolsdorf (M. b. XVI., 528). 1363 Hagen der Aunpäch und Arelbeid seine eheliche Wirthin verglichen dem Wolfram v. Tiessenhausen, Chorherrn zu Eichstätt auf die Wiese gegen dem Wörth an der Zurt zu Pfünz gelegen (Bayer. Regest. VIII., 268). 1313 Seyfried und Hagen (Hugo) die Aunpöchen zu Ambach und Seyboldsdorf (M. b. XVI., 329). 1360 Wolfhilde die Aunpächin, Nonne zu Niederschönfeld. 1367 hatte Heinrich der Euninger zu Elning Lehen von Hanns und Heinrich Aunpächen Gebrüder. Gertrud, des Heinrich Eyningers Tochter, hatte den Heinrich Aunpächen geheirathet 1381. 1403 Mechtild Aunpächin verschafft ihren halben Theil der Behausung und des Stadels zu Tegernacker, zu Unſ. Fr. Meß zu St. Peter in Neuburg zu einem Jahrtag. 1313 Hanns Walter der Aunpäch, Richter und Vogt zu Kipfenberg, uxor I. Gunhild v. Pfahlspreunt II. Agnes v. Hellburg. Kinder: Corona, Willpolt und Reinhart. 1440 Anselm v. Aunpach der letzte und bekannte dieser Familie.

Um diese Zeit erscheint auch Rosina Schorrerin, uxor Samsons Hinterskirchners; sie starb kinderlos 1518 und scheint eine Tochter des Michael Schorrer's sen. gewesen zu sein, und Schwester des Hanns Schorrer. Desgleichen werden als Schwestern von Hanns Schorrer erwähnt: Anna, Erntraut und Barbara; Anna bekam den Hof zu Ernhofen zum Heiratgut, heirathete den Wilhelm Hausner von Attelsdorf, Pfleger zu Landshut, und erhielt den Hof zu Oberschnaitbach. Barbara erhielt den Hof zu Abenberg zur Heimsteuer. Erntraut erscheint 1533, Franz Schorrer, Bürger zu München 1502 und Zollner an unsers Herrn Thor, scheint ein Sohn des Hanns Schorrer gewesen zu sein; desgleichen Michael Schorrer.

Obiger Hanns Schorrer wird in Herzogs Georg Landtafel von 1486—92 aufgeführt, seine Steuer betrug 16 fl. 6 kr. 8 Pfennig. (Krenner bayer. Landtagsverhandlungen XII. Bd.) Er soll im Jahre 1500 gestorben sein.

Michael Schorrer, gewählt zum Landtag, ehelichte Cäcilia Nörblinger, Wittib des Simon v. Burgau zu Griesbäckerzell, Kastners, Landrichters und Jägermeisters zu Aichach, im Jahre 1406.

Ihr Sohn Michael, Richter zu Aichach 1546, hat zur Ehe gehabt Anna Bretschleipfer; ihr Sohn Michael Schorrer heirathete Anna v. Gumppenberg.

1553 war Barbara Scharrerin Wilhelms v Burgau Ehefrau.

1590 Hanns Georg Schorrer, vermuthlich ein Sohn vorstehenden Michaels.

1609 Mang Carl Schorrer auf Schorn, zu Hörgertshausen, Forstmeister über die Haggenau.

1669 Maria v. Brandenburg, eine geb. Schorrerin. Rosina Schorrerin, ihre Schwester.

1607 Adam Michael Schorrer, Hanns sein Urahnherr, Barbara seine Urahnfrau, heirathete Susanna Sallerin, † 1601 2. Juni. Dieser meldet, wie Hanns seinem Sohne Michael etliche Güter gegeben, die dieser an seinen (Adams) Vater Michael gebracht, nämlich die Hofmark Schorn, ein Haus zu Aichach u. s. w. Seines Vaters 3 Schwestern waren Anna, Erutraud und Barbara.

Adam und seine Gattin liegen in der Kirche zu Schorn, woselbst ihr Grabstein.

Anna Catharina Schorrerin, eine geb. v. Lichtenau, von und zu Schorn, die edle Frau, machte eine Jahrtagsstiftung, deren jährliche Gedächtniß ihres Hinscheidens in der ganzen Woche vor Pfingsten mit 1 Seel- und Erbamt und 1 hl. Messe gehalten werden sollte. Zu solchem Ende verschaffte sie dem Gotteshause Schorn 200 fl. und wollte auch, daß an ihrem Sterbetage Geld unter die Armen vertheilt werde. Dies geschah auch bis 1781 unter dem Namen „Spend den armen Leuten."

Eva v. Kallheim, 1597, eine geborne Schorrerin.

Eine Eva Schorrerin heirathete den Wilhelm Birkheimer zu Wolfersdorf. Sie hausten wohl und kauften Schorn ganz an, hernach von Ulrich v. Preising die Hofmark Polsing an der Amper bei Wolfersdorf; hinterließen einen Sohn Wilhelm, welcher sich verheirathete mit Anna Auer v. Bulach, Wittwe des Wolf Dietrich v. Rohrbach. So war also Schorn an die Birkheimer gekommen; wann die Schorn-Familie aufhörte, wenigstens im Besitze von Schorn, ist zur Zeit unbekannt. In einem alten pfarrlichen Taufbuche von Schorn heißt es: „Die Familie der Schorrer muß wenigstens in der ersten Hälfte des XVII. Jahrhunderts erloschen sein, oder doch aufgehört haben im Besitze von Schorn zu sein."

Diese Birkheimer führten nach Hunds Angabe der abgestorbenen Stumpfen Wappen, nämlich einen zweiköpfigen Panther, auf dem Helm 5 Bundhütlein, und sollen sich gleich den Schorern, bei den Gumppenbergern empor geschwungen haben. Apollonia Pirkhammerinn war 1513 im Kloster Niederschönenfeld.

Wie lange diese Birkheimer Schorn besaßen, ist uns nicht bekannt. Wenning in seiner Beschreibung der 4 Rentämter Bayerns, erwähnt dieser Familie nicht, sondern sagt: Nach dem edlen Geschlechte der Schorrer kam Schorn an die Senser oder Soyer.

1630 erscheint Hanns Christoph Soyer als Besitzer von Schorn.

1631 Tobias Soyer, hier auf Schorn. Er war von 1622 — 24 Pfleger zu Rain, u. bekleidete in der Folge die Stelle eines Pfalzneuburgischen Landschaftsrathes und Pfennigmeisters zu Neuburg. Diese Soyer besaßen einen Adelsbrief vom Kaiser Ferdinand II. vom J. 1627 auf Tobias und Jakob Soyer lautend. Sie stammten aus Steyermark.

Tobias Soyer zu Schorn hatte zur Hausfrau Anna Jakobe, geb. Riederin von Paar. Sie starb den 9. Juli 1658 und liegt in der Kirche zu Schorn begraben. Ihr Grabstein ist auf der Evangelien-Seite im Presbyterium und enthält in der Mitte die Urstände des Herrn, ein schönes plastisches Werk von Stein; oberhalb demselben 2 Wappen und unterhalb demselben die Inschrift: A. D. den 9. Juli

1653. starb die edl u. tugendreich Frau Anna Jacobe Soyerin auf Schorn, geb. Riederin, Herrn Tobiesen Soyers zu Schorn fürstl. Pfalz gräfl. Neuburg. Rath u. Gemeiner, dero löbl. Landschaft Pfennigmeisters geweste Ehefrau, deren Gott gnädig seyn und eine fröhliche Auferstehung verleihen wolle! Tobias † 5. Febr. 1655, wurde nach Schorn begraben. Er war ein lobenswürdiger, milder, barmherziger Mann u. gab viel Almosen, sagt Dr. Strößer in seinem genealogischen Lexicon III. Band.

Zeichen ihres frommen Sinnes ist, daß sie zu einem Jahrtage in das Kloster hl. Kreuz zu Donauwörth 250 fl. und einen goldenen Kelch mit ihrem Wappen versehen, stifteten. Aus dieser Familie sind als Kinder bekannt: 1) Soyer Maria wird zu Neuburg copulirt 9. Sept. 1630 mit Hieronymus Büchel J. utr. Dr. 2) Renata Soyer wird zu Neuburg getraut 3. Febr. 1636 mit Kilian v. Cornel, kais. Rittmeister 3) Hanns Christoph Soyer auf Schorn Rittmeister 1658, 4) Anna Maria Soyer auf Schorn heirathet den Hieronymus Dihl Jur. Dr. Hofrath zu Neuburg 1733, Hofraths-Director 1642, Pfleger zu Hilpoltstein 1655. Sie lebte als Wittwe zu Reith 1683.

Von Hans Soyer zu Kapfelberg und Volkerseich kaufte Schorn 1692 nebst den dazu gehörigen bayerischen u. Augsburgisch bischöfl. Lehen, um 17000 fl. Ignaz Freiherr v. Gumppenberg zu Pöttmeß. Der Kaufbrief ist vom 28. Jänner 1692. Allein der spanische Erbfolgekrieg nahm die ganze Herrschaft Pöttmeß u. Schorn sehr hart mit, so daß sich Ignaz Franz v. Gumppenberg genöthigt sah, die Hofmark Schorn, so gelegen sie war, an einen Herrn v. Siebenhörl zu verkaufen. 1735 erscheint auch ein Hr. v. Siebenhörl in der Landtafel als Besitzer zu Schorn.

Von diesen v. Siebenhörl kaufte Schorn Anton Nockcher und wurde 1735 2. Mai damit von Herzog Albrecht belehnt. Es muß aber schon früher ein gewisser General Pechmann Besitzer gewesen sein, wie aus nachstehender Inschrift eines Grabsteines bei der Kanzel hervorgeht. Diese lautet: Allhier liegt der wohledle Herr Johann Caspar Döll gewesener General Böchmann'scher Hofmarks Bestaendner zu Schorn, Starb den 7. Mai 1749, geb. den 10. Jaenner 1690.

1765 starb Michael Hörwart, Graf v. Hohenburg, Herr auf Schorn. Seine Gemahlin Ignatia, Tochter des Ferdinand Albrecht v. Gumppenberg, schrieb sich 1765 als Besitzerin von Schorn; obgleich sie nicht mehr im Besitze von Schorn war, denn um 1753 kam Schorn an die Herrn v. Brutscher.

Diese Herrn v. Brutscher waren ein uraltes polnisches Edelgeschlecht am Prut ansäßig, woselbst sie den Namen Broutschkofsky führten und bedeutende Besitzungen haiten. Noch um 1712 kommt dieser Name in jenen Gegenden vor, wie denn in Gottfried Ludwigs Universalhistorie I. Theil S. 926 ebenfalls dieses Geschlecht aufgeführt wird. Hier heißt es: Da man im Frühlinge 1712 in Polen ruhig zu seyn vermeinte, fiel der Kiowsbysche Obrist Grudzinsky unvermuthet in die krakauische Woywodschaft ein, that ziemlichen Schaden, fiel aber bald darauf bei Kalisch dem Brutschkowsky in die Hände.

Noch besser wird dieß bestätigt durch folgende eigenhändige Aufschreibung. In einem Quartheftchen von 4 Pergamentsblättern befindet sich mit großen Buchstaben eingetragen: „Minem Nochkommen mit Fliss zu ewigen Andengken. Ich der Mang, dem Gott gnade, der Herr. Wi sint gsin am prut firnemme lit, hond ghon vil Diener und Knecht, der Christen Find der dat uns ins Elent hon uns ins Polen gwand, min Vater ins Ditschland kommen, hon sich die brutscher gnannt, muesten gross not auston, Gott sieh minen Nachkommen by, geb Inen, was wir sint gsin. Betet für min Seel, die ich Gott befehl. Der Schreibart und den Buchstaben zufolge muß Mang Brutscher dieß zu Ende des 16 Jahrhundert geschrieben haben; denn schon 1601 erscheint ein Jesuite Johann Brutscher aus Oberstdorf im Algäu, der Professor der Philosophie zu Ingolstadt war. Franz Xaver Prutscher erhielt 1740 das Erbportner-Amt von dem Domcapitel Augsburg, wurde dessen Probst zu Groß- u. Kleineitingen, Oberrichter zu Graben, und erhielt 1747 das Ritterlehen zu Stetten und Burgleiten im Allgäu, so wie die bischöfl. Pflege Oberdorf von Kurbayern. Die Urkunde lautet: „Von Gottes Gnaden, wir Max Joseph in Ober- u. Niederbayern auch der obern Pfalz Herzog, Pfalzgraf bei Rhein, des hl. röm. Reichs Erztruchsäße bekennen mit diesem offenen Brief für unsern sonders lieben getreuen Franz Xaver Prutscher auf seine beschehenes Ersuchen den Kirchensatz zu Stetten, sammt 2 Höf zu Burgleiten mit aller Zugehör, die jährlich zu rechter Gilt geben dem Pfarrer 3 Schaf Korn, und die 2 Höf 2 Säck Kern u. 8 Säck Haber Kaufpeurer Maß, it. 2½ Pfund Häller großgilt u. 2½ Pfd. Häller für den Zehent, Füßener Währung, welche von unserer Herrschaft Hohenschwangau zu Lehen gehen u. derselbe mit unsern landesherrlichen Consens, d. 2. October abhin salva natura feudi von dem Edlen und Getreuen Anton v. Prendle durch Kauf an sich gebracht, zu rechtem Manns- und Weibslehen gnädigst verliehen haben. Thue dieß hiemit kund, kraft dieß Briefs, was fürder von Lehen und Rechtswegen daran leihen sollen, doch uns an unsern und männiglich an ihren Rechten unvorgriffen. Darauf hat uns gedachter Franz Prutscher durch seinen mit schriftlicher Vollmacht abgeordneten Sohn Anton Prutscher, beider Rechten Lizentiat, gewöhnliche Lehenspflicht gethan und versprochen alles zu leisten, was er des Lehens wegen schuldig ist. Deß zur Urkund haben wir den Brief eigenhändig unterschrieben u. besiegelt München den 30. Dzb. 1747.[1]) Max.

Als Franz Xaver Prutscher die Hofmark Schorn eingethan, um in Ausübung der Hofmarksjurisdiction und Jagd nicht Anstand zu haben, suchte er das Adelsdiplom als Herr v. Brutscher zu Schorn nach, und am 3 März 1743 gestattete ihm Kurfürst Max Joseph, seiner 40 jährigen treu geleisteten Dienste auf ansehnlichen Landämtern halber, sich v. Brutscher schreiben zu dürfen, und verlieh ihm und seinen Kindern nachstehendes Wappen: Als einen geviertheilten Schild, in dessen vorderm ersten und untern 4. rechten Quartier gegen der Linken ein schwarzer Adler auf einem rothen Herz stehend und einen grünen Lorbeerkranz in seinem Schnabel haltend, dann in der obern 2. und untern 3. weißen Feldung gegen der Linken ein gelber, zum Streit aufgerichter Löw, mit doppelt aufgedrehtem Schwanz und roth ausgeschlagener Zunge, dann ein blankes Schwert in der Bratzen haltend aufwärts und mit dem linken Fuß auf einer gelben Kugel ruhend, während aus dessen Erstem mit einer goldenen Krone gekrönt und einem goldenen Kleinod, dann mit weiß und rothen Decken gezierten offenen adelichen blau angelaufenen Turnierhelm ein schwarzer Adler mit offenen zum Flug gerichteten Flügeln und wiederum einen grünen Lorbeerkranz im Schnabel führend, hervorragt, und endlich aus dem Zweiten auch mit einer goldenen Kron und goldenem Kleinod, dann weiß und rothen Decken gezierten offenen blau angelaufenen Turnierhelm des Schildes ein gegen der Rechten gewendeter Löw mit doppelt aufgedrehtem Schweif, roth aufgeschlagener Zunge, dann in der rechten Bratzen ein blankes Schwert, aufwärts in der Linken aber eine goldene Kugel haltend, hervorbricht. Bald darauf am 10. Februar 1757 erhob ihn der Kurfürst Max Joseph von Bayern in den Freiherrn-Stand und ebenso seine Erben unter Führung seines Wappens,

---

1) Mederer Annalen der Universität Ingolstadt II. Th. S. 165. Sattler württemberg. Geschichte VI. Th. S. 210.

und zwar wie das Diplom besagt, in Anbetracht seiner vielen Verdienste. Franz Xaver v. Brutscher starb 1761. In der Pfarrkirche zu Großaitingen, befindet sich an der Nordseite ein schönes Monument aus Stein mit dem freiherrlich Brutscher'schen Wappen und folgender Inschrift: „Hier ruhen Franz Xaver Freyh. v. Brutscher zu Schorn u. Burgleiten, des Fürstlich infulirten Domstiftes Augsburg Erbportner und M. Theresia geb. Wagner seine Gemahlin. Sie entschlief den 19. März 1759. Er starb 28. Mai 1761 in einem Alter von 69 Jahren. Sie lebten als wahre Christen, Gott sey ihnen gnädig! — Franz X. v. Brutscher hinterließ bey seinem Tode 2 Söhne, nämlich 1) Franz Anton und 2) Alexander Sigmund.

Franz Anton Georg Viktor Freih. v. Brutscher war Ihrer Churf. Durchlaucht des Erzbischofs Clemens Wenzeslaus v. Trier u. Bischofs von Augsburg wirklicher geh. Rath, des hohen Domstifts daselbst Erbportner, sowie des Kurfürsten von Bayern Hofrath u. Religions-Agent zu Augsburg. Er kaufte von Kurfürst Max Joseph III. die eigenthümliche Schwaig und Hofmark Graslfing mit aller Zugehör um 40,000 fl., welche Herrschaft aber von ihm am 24. April 1760 um 32,000 fl. an Adrian v. Lasabrique, furf. bayer. Hofkeller-Inspektor, Hofgarten-Kommissär, dann Residenz- u. Schwaig-Direktor zu Schleißheim verkauft wurde. Ausgezeichnet durch Kenntnisse und sehr eifrig in Ausübung religiöser Pflichten starb er im 79. Lebensjahre am 17. Juni 1799 zu Schorn, und wurde daselbst außerhalb der Kirche am Gottesacker zur Rechten seiner Gattin begraben. Er kaufte der Kirche zu Schorn eine neue Orgel u. war der Erste, der im Donaumoose eine große Anzahl moosiger, sumpfiger Gründe zu Wiesen umschuf. Seine Gattin M. Justina, geb. v. Crignis, geboren zu Augsburg 1726, vermählte sich mit dem Fürstl. Bischöfl. Augsburg. Hofrath u. Hofzahlmeister Lorenz Anton Waibl. Nach dessen Tode vermählte sie sich mit obigem Franz Anton v. Brutscher; die Heiratsabred ist vom 20 Okt. 1749 u. unterzeichnet von den beiden Contrahenten, dem Joh Sebastian Waibl Fürstbischöfl. Hofrath, Sigmund v. Zebuesnig, Franz Brutscher, Johann v. Crignis. Justina starb den 17. Okt. 1796 zu Schorn und liegt auf dem Gottesacker daselbst zur Rechten ihrer 2 Enkel und ihres Mannes Bruder u. zu den Füßen ihres Sohnes Joh. v. Nepomuck. Ein Monument in der Kirchenwand mit den Stammwappen, gesetzt von ihrer Tochter Aloysia, wahrt ihr u. ihres Mannes Andenken.

Aus erster Ehe hinterließ sie eine Tochter Josepha Christina, welche den Reichsgräfl. Fugger'schen Rath und Oberamtmann zu Wellenburg, v. Zwerger heirathete, der 16. März 1802 starb u. eine einzige Tochter Afra Josepha hinterließ.

Aus zweiter Ehe hinterließ sie folgende 2 Kinder: Johann Joseph Freiherr v. Brutscher und M. Aloysia. Justina war wie ihr Gemahl äußerst religiös. Das Todtenbuch der Pfarrei schildert ihr Leben als sehr fromm in mehreren Zügen. Sie vermachte auch zur Pfarrkirche Schorn ein Legat zu einem Jahrtage an ihrem Sterbetage abzuhalten.

Zu Schorn hielt sich auch häufig auf u. starb daselbst am 1. Jänner 1788, 64 Jahre alt, Hr. Alexander Sigmund Pirminius Freih. v. Brutscher, Erbportner des fürstl. infulirten Canonicats-Capitel u. der hohen Domkirche zu Augsburg geh. Rath, so wie des Kurfürsten von Bayern, u. fürstbischöfl. Pfleger zu Nesselwang. Er wurde von dem Grafen Franz v. Königseck Aulendorf, Rothenfels und Staufen kaif. Rath, am 29. April 1756 zu einem Hofgrafen, comitem palatinum, ernannt. Dieser Würde zufolge durfte er Notare u. Richter erwählen, Unehrliche (Fürsten, Freiherrn u. Edelleute ausgenommen) ehrlich erklären, Urkunden autorisiren, Minderjährige volljährig erklären, Baccalaurii u. gekrönte Dichter erwählen u. an redliche Personen bürgerliche Wappen mit Schild u. geschlossenem Helm ertheilen, — Er liegt im Gottesacker linker Hand beim Eingange begraben, war nie verheirathet. Johann Nepomuk Freiherr v. Brutscher, Sohn des Franz Anton, war geboren zu Schorn 20. Oktober 1754, wurde Oberlieutenant beim schwäbischen Füsilier-Kreis-Regiment Fürstenberg zu Dilingen, starb unvermählt 1793 an seinen im Felde erhaltenen Wunden am 7. Juni zu Pettmöß und liegt in Schorn begraben.

Aloysia Freiin v. Brutscher war geboren zu Augsburg den 11. Decb. 1753, vermählte sich zu Schorn 25. Okt. 1788 mit Johann Christoph Leonhart v. Horn, Arzt im Regiment Zweibrücken zu Ingolstadt, hielt sich zu Schorn als Gutsbesitzerin auf bis 1807, wo sie das Gut an den k. Oberstforstrath Schilcher als Vormünder der Schilcher'schen Relicten verkaufte, die Polizei und Rechtsverwaltung dem k. Landgerichte übergab. Diesem kaufte es der k. b. Oberlieutenant à la Suite Johann Bruckmayr um 30400 fl. ab, worauf es an die freiherrliche Familie v. Wohnlich in Augsburg überging, die es noch besitzt.

Aloysia zog nach dem Verkaufe ihres Gutes nach Neuburg und

starb daselbst den 3. Juni 1833 als die Letzte ihres Stammes u. liegt auf dem Gottesacker zu St. Georgen begraben. Sie besaß für eine Frau seltene Kenntnisse u. war mehrerer Sprachen kundig.

Ihr Gemahl, geboren zu Armsheim in der Rheinpfalz, trat von der calvinischen Religion zur kath. Kirche zurück, ertrank 1810 in der Donau u. liegt in Weichering begraben. 9 Ehrenzeichen schmückten seine Brust. Ihre Kinder sind folgende:

1. Aloys geb. 31. Dec. 1789 zu Schorn, starb als Oberlieutenant des 11. k. bayer. Kürassierregimentes zu Neuburg a/D. 2. Mai 1837. Ein trefflicher Dichter, Maler u. Krieger.
2. Justina, geb. 1792 † 1856.
3. Anna Maria geb. 28. Juli 1791.
4. Franz Paula geb. 9. Sept. 1793 † 1793.
5. Sophia geb. 21. Sept. 1794 † 23. März 1859.
6. Mathäus geb. 10. Juli 1796 † 20. Juli 1796.

III. Kirchliche Geschichte. Die Pfarrkirche ist ein altes, nicht sehr großes Gebäude, das noch Spuren von gothischer Bauart an sich trägt. Sie hat ein Vorhäuschen u. einen Kirchthurm mit Satteldache. Nach alter Art ist sie vom Gottesacker umgeben. In ihrem Innern enthält sie 3 Altäre, den Hochaltar mit dem Bilde des hl. Magnus, des berühmten Allgäuischen Patrons, unter dessen besonderm Schutze die Kirche steht, und 2 Seitenaltäre dem hl. Ulrich u. Johannes gewidmet. Die Kirche enthält mehrere Monumente, sowohl in ihrem Innern, als auch an der Außenmauer. Der älteste Grabstein beim Eingange in das Vorhäuschen hat das Wappen der Schorrer in der Mitte, ober diesem Wappen steht:

A. D. . . . . den . . der edl und vest Junker Adam Michael v. Scharn und zu Schorn, dessen Seel Gott gnädig und barmherzig seyn wolle. Unter dem Wappen A. D. 1601 den 2. Iuni starb die edl u. tugendreich Frau Sussanna Scharrerin geb. Salerin deren Seel u. allen Christgläubigen Got eine fröhliche Auferstehung verleihe.[1]

Außer diesem noch 2 Grabsteine für Alexander Freih. v. Brutscher, Franz Anton u. Justina v. Brutscher. Im Innern der Kirche befindet sich ein Grabstein mit der Inschrift: A. D. 1534 Jar starb der edl u. vest Michael Scharrer an dem Samstag nach dem Auffartstag zwischen eins u. zwei. A. D. 1534 Jar starb die edl

---

1) N. Neuburger Collectaneenblatt 1843.

Erntraut Scharrerin am Mittwoch nach dem Auffahrtstag zwischen drey u. vier. Denen Got gnad. Unten ist das Wappen der Scharrer, eine Pflugschare u. das der Erntraut Scharrerin, 3 rechtwinklige Balken.

Der zweite Grabstein mit der sehr gelungenen Darstellung der Urständ des Herrn gehört der Jakobe Soyer, † 1653 9. Juli.

Die Pfarrei ist sehr alt, wurde aber schon seit Ende des XVI. Jahrhunderts theils von Walda, theils von Pöttmeß aus pastorirt. Die Reihe der Pfarrherren seit dieser Zeit ist folgende:

1700 Georg Wagner, Pfarrer zu Pöttmeß.
1705 -- 1715 Wilhelm Kraft, Pfarrer zu Walda.
1718 — 1750 Joseph Kägle, Pfarrer in Walda.
1750 — 1764 Joseph Hinderskircher, Pfarrer in Pöttmes.
1764 Simon Neff von Schorn, 2 Monate lang.
1764 — 1766 Franz Kramer, Jägerssohn von Wächtering.
1766 — 1867 Andreas Ustrich.
1767 — 1769 Joseph Ustrich, Bruder des Vorigen, beide von Weißenhorn,
1772 Joseph Schmölz von Bernbach im Allgäu.
1782 Joseph Adam Käsl.
1786 Joseph Stabler.
1786 Vincenz Sailer von Gundelfingen, Pfarrer zu Walda, ein sehr frommer und gelehrter Mann.
1802 — 1821 Barnabas Edmann. Er war geboren zu Falkenstein bei Straubing 20. Aug. 1765, trat in das Franziskanerkloster in Schrobenhausen ein. Nach Aufhebung des Klosters bezog er die Pfarrei Schorn und begnügte sich, da kein Pfarrhof da war, bei einem Söldner im Mangenhof in einem kleinen Zimmer zu wohnen. Es wurde ihm zwar im Schlosse eine Wohnung angetragen, allein er blieb in seiner ärmlichen Wohnung. Ohne alle Bedienung lebend, war er sich selbst Alles. Sein edler Charakter war in jeder Hinsicht streng religiös für sich, dienstfertig und aufrichtig gegen seine Mitmenschen, ein Muster eines Seelsorgers. Zu gewissen Zeiten entzog er sich aller Gesellschaft und hielt geistliche Uebungen. Waren diese contemplativen Tage vorüber, so besuchte er hie und da Gesellschaften, um sich zu erheitern. Trotz seines reichen Wissens war sein Umgang und Benehmen ohne alle Anmaßung, leutselig, zuvorkommend und höchst aufrichtig. Sein Vater brachte die letzten Lebenstage, 86 Jahre alt, bei seinem dankbaren Sohne zu. Die rothe

Ruhr, die damals in der Gegend wüthete, raffte auch ihn dahin. Edmann fing auch zu kränkeln an, konnte nur medizinische Pfuscher consultiren, die seinen Tod langsam aber schmerzvoll herbeiführten. Vertrauensvoll ging er in das bessere Jenseits hinüber am 19. Juni 1821. Er wollte auch öfters angebotene glänzendere Stellungen nie annehmen.

1822 — 1824 Gregor Fischer.
1825 Franz Endräß.
Aloys Reu aus Dillingen.
Joseph Gürbinger, † 1858.
1858 Maximilian Büchler von Curnpach.

So klein Schorn ist, so hat es doch ein paar berühmte Männer aufzuweisen. 1) Johann Bapt. Reff, ein tüchtiger, seiner Zeit berühmter Gelehrter, Professor und kurfürstl. Leibarzt. Er war der Sohn des Bauers Andreas Reff und dessen Ehefrau Walburga, hatte noch 10 Geschwisterte, worunter ein Bruder, Simon, 1787 zu Sandizell als Weltpriester starb. Wenn Johann Reff geboren wurde, kann mit Bestimmtheit nicht angegeben werden, weil das Pfarrbuch von Schorn erst mit dem Jahre 1706 beginnt, da das ältere verbrannte; jedenfalls fällt sein Geburtsjahr in das letzte oder vorletzte Jahrzehent des 17ten Jahrhunderts. Nachdem er das Studium der vorbereitenden und allgemeinen Wissenschaften rühmlichst beendet hatte, widmete er sich der Theologie, welcher er jedoch, nachdem er in der Ferienzeit zu Hause im Garten bei einem Spiele ein Aug eingebüßt hatte, zu entsagen sich genöthigt sah. Er wählte sich hierauf die Arzneikunde zu seinem Fache, welcher er auf der Universität Ingolstadt mit angestrengtestem Fleiße oblag. Er hatte hier seinen Landsmann, den berühmten Professor Morasch aus Pöttmeß zum Lehrer, und erhielt, nachdem er schon früher zum Doktor der Philosophie erhoben worden, im Jahre 1711 auch von der medizinischen Facultät den Doctorhut. Fünf Jahre darauf wurde er als Professor der Arzneikunde zu Ingolstadt ernannt; am 27. März eröffnete er seine Vorlesungen, und von nun an war er der Amtsgenosse seines Lehrers Morasch und dessen Rivale in der medizinischen Wissenschaft, denn der Ruhm seiner Gelehrsamkeit verbreitete sich immer mehr. Im Jahre 1728 bekleidete er das Amt eines Rectors, um den bayrischen Prinzen Johann Theodor, Sohn des Kurfürsten Max Emanuel, welcher später Bischof von Regensburg wurde, als Leibarzt auf seiner Reise nach Italien zu begleiten, wobei ihm jedoch der Lehrstuhl auf der Universität vorbehalten blieb. Nach seiner Rückkehr wurde er im Jahre 1730 abermals mit der Würde eines Universitäts-Rectors beehrt, und baute eine schöne, sehr gerühmte Anatomie. Doch bald ging er für die Universität Ingolstadt verloren. Durch die Heilung Alexander Sigmunds, Bischofs von Augsburg, dem die goldene Ader 4—5 Jahre den Kopf so verrückte, daß ihm ein Coadjutor gesetzt werden mußte, wobei er unter Andern auch das Bad Eger verordnete, vermehrte er seinen Ruhm ungemein, und wurde im Jahre 1733 als Leibarzt des Kurfürsten von der Pfalz nach Mannheim berufen, nachdem ihm nicht nur eine Vergünstigung, jederzeit wieder auf seinen Lehrstuhl zurückkehren zu dürfen, zugestanden, sondern auch, was bisher unerhört war, der Bezug seines Gehaltes*) und des dritten Theils der Facultätssporteln zugesichert worden war. Er ging im November nach Mannheim ab, starb aber am 23. August 1737 daselbst, ungemein betrauert von seinen zahlreichen Schülern und von seinen Amtsgenossen. Auf dem Katheder, der bis zu seinem Tode unbesetzt geblieben war, folgte ihm Georg Christoph Emanuel Hertel, Gerichtsarzt in Erding, ein Sohn des ausgezeichneten Lehrers der Heilkunde, Michael Hertel von Rain.

Neff schrieb nicht viele, aber ausgezeichnete Werke, darunter 4 Bände unter dem bescheidenen Titel: „Tyro medicus", welche nach einander in den Jahren 1726, 1727, 1729 und 1732 im Druck erschienen, auch jetzt noch viel Brauchbares enthalten.

2. Die Kirche zu Schorn besitzt einen schönen Kelch von getriebener Arbeit, wozu sie auf eine merkwürdige Weise gelangte. Franz Gottlieb Thaler, dessen Vater um 1723 nach Schorn als Richter kam und eine Sölde dort besaß, die er aber 1735 nebst seinem Richteramte verließ, war Stadtpfarrer in Wemding, und hinterließ bei seinem Tode am 10. Februar 1774 ein Vermögen von mehr als 20,000 Gulden. Im Testamente hatte er die armen Seelen zu Erben eingesetzt, was aber als ungiltig erklärt wurde. Nun stritten sich der bischöfliche Fiscus zu Eichstätt, der geistliche Rath zu München, das Spital zu Wemding und die Anverwandten um die Erbschaft, indessen jeder, der Gelegenheit hatte, davon nahm, was er konnte, und behielt. Das Meiste verschlangen Commissionen, Advokaten und Taxen, und die armen Seelen erhielten nichts zu ihrer Labung, ebenso leer ging der Fiscus aus, ein Namhaftes fiel in den bayerischen Schulfond und

---

*) Er hatte anfangs 300 fl., später 600 fl.

Einiges an die nächsten Verwandten, die es durch die Thätigkeit des Wirthes zu Schorn, Johann Fischer, mit vieler Mühe und Kosten dahin brachten, daß ihnen ein Theil der Summe zu Theil wurde. Diese waren aber auch so dankbar gegen den Erblasser, daß sie den Kelch, welchen Fischer aus der Verlassenschaft fortzubringen wußte, zur Stiftung einer Jahrmesse für den Verstorbenen verwendeten. So wurde von dem großen Vermögen ein geringes Denkmal an einem Orte errichtet, wo er es wohl nicht vermuthete.

3. Aloys Franz v. Paula Herr, Sohn des Gutsbesitzers Christoph Leonhart Herr, und dessen Ehegattin Aloysia, geb. Freiin von Brutscher, war geboren zu Schorn den 31. December 1789. Seine erste Bildung erhielt er von seinem würdigen Ortspfarrer Sailer; später besuchte er das Gymnasium zu Augsburg und Neuburg, und machte bei seinen ausgezeichneten Geistesgaben glänzende Fortschritte. Hatte er sich eine treffliche Bildung der Classiker angeeignet, so zeichnete er sich auch in der Musik, Dichtkunst und Malerei sehr vortheilhaft aus. Die noch vorhandenen Gedichte verdienen klassisch genannt zu werden, und seine Gemälde, Landschaften darstellend, werden bezüglich des Baumschlages und des Perspectives von jedem Kenner gelobt. Allein so trefflich Begabte lieben oft das Ercentrische, und so trieben den 18jährigen Jüngling die Umgestaltungen der damals bewegten Zeit auf die stürmische Laufbahn des kriegerischen Lebens. Er trat in das zu Augsburg garnisonirende Chevaurlegers-Regiment ein, wurde in Bälde Lieutenant und seiner Kenntnisse wegen sehr geschätzt. Als solcher machte er den französischen Feldzug gegen Oesterreich im Jahre 1809 mit, half 1811 Tyrols Rebellen bekämpfen, wurde bei einer ausgeführten Bravour durch eine Stutzenkugel verwundet, machte sodann den Feldzug gegen Rußland mit, und ebenso den Feldzug 1813 gegen Frankreich. Zurückgekehrt, trat er in das II. Kuirassier-Regiment ein, sah sich jedoch in Folge der erlittenen Strapazen veranlaßt, seinen Abschied zu erbitten, den er auch höchst ehrenvoll erhielt. Nun lebte er in Neuburg, woselbst er am 2. Mai 1827 starb und daselbst beerdigt wurde. Er besaß als Offizier vorzügliche militärische Kenntnisse, bewies in allen Vorkommnissen Muth und Tapferkeit, und war als Mensch und Christ höchst achtungswerth, eine Zierde seines Standes.

Anhang.

Zum Schluſſe wollen wir noch einiger befeſtigten Punkte erwähnen, welche ſich bis zur allmäligen Verflachung des Lechraines unterhalb Rain erſtreckten und allen Unterſuchungen nach ſich als römiſch erweiſen.

So finden ſich um das Kloſter Thierhaupten ſelbſt ſolche Spuren von römiſcher Fortification vor, auch der nahgelegene Eſel- oder Heſelſteig verdankt ſeine Befeſtigung wahrſcheinlich den Römern. Noch beſtehen Wall und Graben desſelben; er liegt ¼ Stunde von Thierhaupten entfernt. In und um Thierhaupten wurden mehrmals Römermünzen gefunden, und aus eröffneten Grabhügeln entnahm man bronzene Hohlringe mit den Oeffnungen für Verzierung mit Bändern. Sie bildeten Zierrathen der römiſchen Adlerſtangen oder signa militaria, Feldſtangen. Bei denſelben lag auch eine oval gebogene Metallſpange, eine Art Epaulettes zu den Tragriemen eines Adler- oder Stangenträgers.

Zur Pfarrei Thierhaupten gehört auch die unterhalb gelegene, auf einem Vorſprunge des Lechraines erbaute Einöde Königs brunn. Sie iſt gegen Oſten und Süden mit einem ſtarken Walle umgeben, die beiden übrigen Seiten fallen ſteil gegen das Lechfeld ab. Der Wall iſt 317' lang, 15' hoch. Starke Eichen haben auf ihm Wurzel geſchlagen, und an den zugänglichen Seiten befindet ſich ein kleiner Hain.

Hier wurden Grundmauern und ein ungeheurer Quaderſtein, ſowie ein römiſcher Schlüſſel ausgegraben; der ſüdlich gelegene nahe Wald heißt der Brand, und deutet dieſer Name, wie ähnliche bei

---

v. Raiſer, der Oberdonaukreis unter den Römern, III. Abtheil. 59, Reiſe nach Blaca, woſelbſt dieſe Gegenſtände abgebildet ſind.

ehemaligen Römer-Wohnstätten, dahin, daß nach römischer Sitte die Leichname von der hier gewesenen römischen Besatzung verbrannt worden seien *).

Zwischen Königsbrunn und dem Dorfe Oberpeuching mündet die von Nassenfels herkommende Römerstraße ein, und setzt oberhalb Peuching über den Lech. Diese Straße läuft von dem Römercastell Nassenfels, dem Kern von castra Vetoniana, aus, läßt das Pfarrdorf Egweil links liegen, durchschneidet die Neuburg-Eichstätter Landstraße bei dem Punkte, wo die Ortstafel Attenfeld steht, und läuft als Fahrsträßchen in fast gerader Linie Attenfeld zu. Anfangs ist sie nicht so kennbar, wie in der Folge, bald aber, bei Attenfeld, wird sie sehr kennbar, die Böschung tritt zu einer Höhe von 5' hervor, besonders zur rechten Seite. In einer Viertelstunde nähert sie sich Attenfeld, zu ihren Seiten stehen uralte Eichen, sie zieht sich eine sanfte Höhe aufwärts und beläßt Attenfeld einen Büchsenschuß weit rechts. Nun senkt sie sich etwas, wird von einem Hohlwege durchschnitten, bei einem rothen Feldkreuze, und dient von nun an, aufwärts steigend, als Sträßchen nach dem 5 Minuten entfernten Ittstätter Hofe, den sie zur Rechten beläßt. Auf der Höhe angelangt, tritt sie sehr kennbar hervor, als Vicinalsträßchen nach Neuburg eine Zeit lang dienend, senkt sich jedoch bald abwärts, und wird von der Neuburger Vicinalstraße nach Bergen und Hüting durchschnitten. Von nun an verflacht sie sich eine geraume Strecke, hie und da bis zur Unkenntlichkeit, tritt aber als Fahrweg die Höhe aufwärts deutlich durch die großen Steine ihres Pavimentes hervor, bis sie die Höhe des Gietlholzes erreicht. Von nun an läuft sie sehr gut kenntlich im dunkeln Buchenwalde mit ziemlich hoher Böschung bis Dittenfeld fort, senkt sich abwärts, wird von der Neuburg-Monheimer Landstraße durchschnitten, setzt beim Antonsberge über die Donau, vereinigt sich bei der Willhartsfurt mit der von Feldkirchen herkommenden Römerstraße, geht sodann nach Straß, Burgheim, mündet in das Dorf Staudheim ein und läuft von da, Mittelstätten rechts belassend, zwischen Salach und der Stadt Rain nach Oberpeuching, wo sie über den Lech setzt, und sich nach den Burghöfen bei Druisheim, wo noch gewaltige Schanzen das Castell anzeigen, einmündet. Bei Oberpeuching, oberhalb des Dorfes, stand die Römer Lechbrücke, welche jedenfalls durch ein Bollwerk beschützt war, wie denn eine genauere Untersuchung gewiß

---

*) E. Rainer Wochenblatt 1847.

noch die Spuren entdecken würde. Es wurden sowohl in Unter- als Oberpeuching mehrmals Römermünzen gefunden, und in dem nahen Münster wurden auch öfters Römermünzen geopfert *).

Diese Römerstraße wird von Straß aus vom Landmann die Hochstraße genannt. Durch die Cultur sind die Spuren derselben auf dem rechten Donau-Ufer so ziemlich verwischt; nur als ein schmaler Streifen einen Rain bildend, zieht sie sich bei Sallach eine Strecke weit fort, als Gränze des Ackerfeldes; bald mehr, bald weniger bemerkbar und hervortretend, läuft sie an den Lech bei Oberpeuching, zieht sich über den Lech vermittels einer Brücke, die daselbst sich befand, und eilt dem wohlbesetzten Hauptpunkt im Rhätischen Limes, dem Castrum bei den jetzigen Burghöfen bei Druisheim, zu, woselbst die sogenannten Grafenäcker nebst Grundmauern schon eine Anzahl römischer Alterthümer zu Tag förderten.

Das Material, welches zu dieser Römerstraße verwendet wurde, ist verschieden und beschränkte sich regelmäßig auf das in der Nähe vorkommende, weßhalb auf dem linken Donau-Ufer und theilweise auf dem rechten noch größtentheils Bruchsteine zum Kalk verwendet wurden. Diese guten, dauerhaften Steine trugen zur bessern und längern Erhaltung das Meiste bei, und da die Straße von Rassenfels aus bis Straß größtentheils durch Wald läuft, so ist diesem Umstande auch ihre längere Conservirung zu verdanken.

Von Straß angefangen wird das Terrain sandig; die Straße wurde aus weißen Kieselsandsteinen und Gerölle erbaut, wodurch sie sich leichter verflachte, der nahe Lechfluß lieferte das meiste Material, und so erhielt sich größtentheils nur die Böschung, da an selber die größeren Steine verwendet wurden, als Raine für die Felder, und ebenso erhielt sich der alte Namen: die Hochstraße, für diesen Römerweg.

Diese Strecke der Römerstraße von Burgheim an bis Peuching an dem Lech und von da bis Druisheim wäre einer sorgfältigen Untersuchung zu unterwerfen, welches bei der jetzigen Cultur dieser Gegend nur durch jene am besten geschehen könnte, so in dieser Gegend vermöge ihres Berufes und Dienstes ansäßig sind und hinlänglich Zeit, Lust und Einsicht besitzen, um sich wiederholten Untersuchungen widmen zu können.

---

*) Neuburger Collectaneenblatt Jahrg. 1841.

W. Aurnar
Buchbinder

W. Aumar
Buchbinder